高职高专**汽车检测与维修技术**专业系列规

汽车安全与舒适系统检修

（第二版）

主　编　姚晶晶　赵艳杰

副主编　李穗平　徐跃进

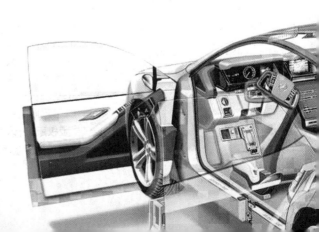

重庆大学出版社

内容提要

本书结合目前高等职业教育思想和理念的发展，按照汽车职业教育教学模式要求，采用情境式模式，将学习情境划分为若干个任务。全书共分为 8 个学习情境，内容包括汽车诊断工具及仪器的使用、汽车空调系统检修、汽车安全气囊系统检修、汽车视听与导航系统检修、汽车中央门锁与防盗系统检修、汽车电动车窗与电动后视镜检修、汽车泊车辅助系统检修、汽车车载网络系统检修。本书系统地介绍了现代汽车安全与舒适系统控制技术的基本原理、使用特性、常见故障诊断与修复。

本书可作为高职高专汽车检测与维修技术专业教材，也可供汽车修理行业的工程技术人员及汽车维修人员参考使用。

图书在版编目(CIP)数据

汽车安全与舒适系统检修／姚晶晶，赵艳杰主编. -- 2 版. -- 重庆：重庆大学出版社，2020.6
高职高专汽车检测与维修技术专业系列教材

ISBN 978-7-5624-9786-8

Ⅰ. ①汽… Ⅱ. ①姚… ②赵… Ⅲ. ①汽车—安全装置—维修—高等职业教育—教材 Ⅳ. ①U472.41

中国版本图书馆 CIP 数据核字(2020)第 108714 号

汽车安全与舒适系统检修

（第二版）

主　编　姚晶晶　赵艳杰
副主编　李穗平　徐跃进
策划编辑：曾显跃　周　立

责任编辑：李定群　高鸿宽　　版式设计：曾显跃
责任校对：王　倩　　　　　　责任印制：张　策

＊

重庆大学出版社出版发行
出版人：饶帮华
社址：重庆市沙坪坝区大学城西路 21 号
邮编：401331
电话：(023) 88617190　88617185(中小学)
传真：(023) 88617186　88617166
网址：http://www.cqup.com.cn
邮箱：fxk@ cqup. com. cn(营销中心)
全国新华书店经销
重庆俊蒲印务有限公司印刷

＊

开本：787mm×1092mm　1/16　印张：15.25　字数：381千
2020 年 6 月第 2 版　　2020 年 6 月第 2 次印刷
印数：3 001—5 000
ISBN 978-7-5624-9786-8　定价：39.80 元

前　言

随着汽车技术的飞速发展，人们对汽车的舒适性和安全性要求也越来越高，先进的汽车电子控制技术，使得汽车的舒适性、安全性、操作便利性和娱乐性等得到了进一步提高，使汽车不仅是一种交通工具，而且还成为一种令驾驶者愉悦和充满乐趣的爱物。车辆配备的越来越多的提高舒适性和安全性的配置对现今汽车维修专业技术人员也提出了更高的要求。在实际汽车维修作业中，不仅要求维修人员能够掌握汽车各个电气系统的结构原理，还要求能够对各个系统的故障进行快速、准确的诊断与排除。

本书主要是针对汽车机电诊断维修技师岗位能力培养的一本学习教材。本书面对高职高专教育编写，共 8 个学习情境，主要内容包括诊断工具及仪器的使用、空调系统检修、汽车安全气囊系统检修、汽车视听与导航系统检修、中央门锁与防盗系统检修、电动车窗检修、电动后视镜检修、泊车辅助系统检修、汽车车载网络系统检修。每个学习情境通过一个真实的案例引出需要学习的内容，并通过解决这个案例，完成若干任务，从而完成需要学习的内容。

在学习过程中，通过资讯—决策—计划—实施—总结讨论—检查评估等步骤，学习汽车舒适与安全系统的基本理论、基础知识和检修基本技能。从课程设计到考核的各个环节，在发挥教师主导作用的同时，充分体现学生学习的主体地位，以调动学生的积极性和挖掘其学习潜能。教学中，倡导自主学习，启发学生积极思考，主动分析汽车舒适与安全系统的故障原因及检修思路，提高学生分析问题与解决问题的能力。根据学生的兴趣、特长和基础情况等方面的个体差异确定学习目标和考核方法，注重学生的技能培养。使学生能较好完成汽车舒适与安全系统的维护与保养、汽车舒适与安全系统设备的故障分析与检测诊断、汽车舒适与安全系统设备的拆装与维修等主要技术任务；熟练使用工具、仪器与设备进行系统检测与调整；能够制订故障检修的基本流程；能进行维修资料的查询与检索。同时，有助于学生团队协作、沟通表达、竞争、安全、责任等意识的训导和养成。

本书在综合比较同类教材和总结前期教学经验的基础上进行内容编排，增强全书的逻辑性、系统性、实用性，注重以就业为导向、以能力为本位，体现了职业教育的特色，通过引入大量的实车用汽车电路使学习者对汽车安全与舒适系统有全面的了解，满足了汽车运用技术领域高素质技能型人才培养的需要。本课程建议教学学时为 64 学时，按照工学结合理念，以职业能力培养为重点，充分体现课程教学过程的开放性、职业性和实践性。

本书由姚晶晶、赵艳杰主编，李穗平、徐跃进副主编。其中，姚晶晶编写了情境 2 及全书的统稿工作，赵艳杰编写了情境 1、情境 3 和情境 4，徐跃进编写了情境 5 和情境 6，李穗平编写了情境 7 和情境 8。

本书在编写过程中,参考和借鉴了大量的资料和书籍,在此致以衷心的谢意。

由于编者水平和经验有限,书中难免有疏漏和不妥之处,恳请指正。

编　者

2020 年 4 月

目　录

汽车诊断工具及仪器的使用

- 能了解汽车检测中常用工具的名称、规格和工作原理。
- 能掌握各种常见诊断工具的正确使用方法及注意事项。
- 能严格遵守汽车检测诊断工具的维护和管理制度。

情境导入

故障现象：

一辆 2012 款的一汽-大众速腾轿车,行驶里程为 1 万 km,行驶过程中发现仪表灯光故障指示灯亮起,车主随后下车检查发现左后尾灯均不亮。

故障分析：

此故障为汽车灯光与照明系统常见故障,要排除该故障,应根据一汽-大众速腾轿车的灯光与照明系统组成及工作原理,选取合适的检测工具对此故障进行诊断。

汽车行驶中,其他灯工作正常,只有尾灯不亮。其原因可能是:尾灯灯丝烧断,尾灯搭铁不良或尾灯线路有断路。检查时,应首先拆下尾灯灯泡,检查灯丝是否烧断。若灯丝完好,再用相应的检测工具进行必要的检测。如果发现尾灯线路中有断路,应找出断路,连通导线;若有火花,则表明尾灯搭铁不良。

此故障综合使用了跨接线、试灯笔、万用表、故障诊断仪等汽车常用的诊断工具,且在检测过程中还可使用示波器对信号进行相应检测,以便能得出正确诊断结论。

- 跨接线:称为维修专用线,起到旁通路的作用,是专用维修工具 SST(Special Serivce Tools)之一。
- 试灯笔:主要用来检查系统内电源电路是否给电器部分供电。它主要有测电压的测试灯,以及测电路导通性的有源测试灯。
- 万用表:常见的万用表有指针式和数字式两种。它主要用于进行电流、电压、电阻以及导线的通断性、电子元件的检测等。
- 故障诊断仪:主要进行汽车电控系统故障检测、音响的解码、示波功能及功能元件测试。

任务 1.1　跨接线、试灯笔及万用表使用

目标
- 能正确使用跨接线、试灯笔及万用表。
- 知道工具的名称、规格和工作原理。

内容
- 利用跨接线、试灯笔及万用表对电路系统进行检测。
- 根据检测结果分析故障原因,并排除。

关联知识

(1)跨接线

如果使用得当,跨接线将是简易而有效的检测工具。通过使导线"跨接"一个被怀疑为开口或断口的电路,从而将其连通,这实际上是一种导通性检测(图1.1)。

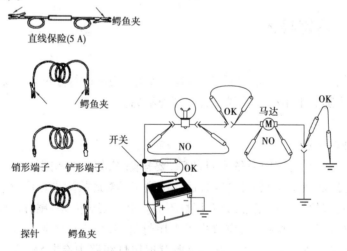

图1.1　跨接线

采用跨接线时,它是用已知的导体替代可疑的故障部位。如果采用跨接线时电路运行正常,这表明"跨接"范围内存在"断口"。跨接线只用在无电阻元件的那部分电路上使其旁通,如开关、接头和导线段。

切勿在ECU控制的灯、马达、点火线圈及任何负载上使用跨接线。这么做会减少电路电阻,导致很大的电流,而大的电流将会损坏线束和电器元件。

(2)试灯笔

使用的测试灯有两种:一种是测电压的测试灯(图1.2),另一种是测电路导通性的有源

测试灯(图1.3)。

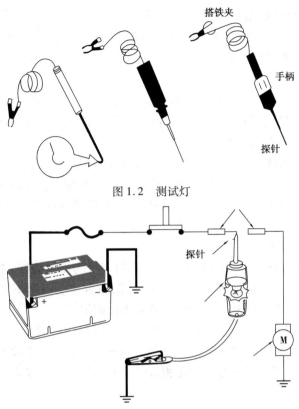

图 1.2   测试灯

图 1.3   有源测试灯(检测导通性)

1)无源测试灯

使用测试灯测电压。测试灯为带有一对导线的12 V灯泡。其中一根导线接地后,再将另一个导线同电路上任何一个应有电压的点连接。若灯泡亮时,说明被测试的点上有电压。

2)有源测试灯

使用有源试验灯检测导通性。此工具由灯泡、电池和两条导线组成。当两根导线碰在一起时,灯泡即亮,如图1.4所示。

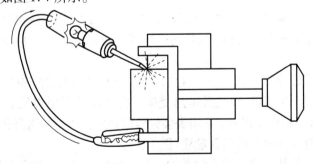

图 1.4   有源试灯笔测试电路

    使用有源测试灯时电路电源必须关闭。如果将测试灯与"带电"回路相接,大电流会烧坏3 V的灯泡。

有源测试灯只用于未接通电源的电路。先断开车上蓄电池或拆下保持电路运行的保险丝。沿电路选定应是导通的两点,将有源测试灯的两条导线分别与两点相连,如果是导通的,说明被测试灯测试的电路是完整的,灯泡即亮。

 在电子电路中切勿使用测试灯,因其电阻低会导致大电流通过,从而损坏电路中一些敏感的电子元件。

(3)万用表

数字万用表(DMM)有一个可直接观察测试值的电子数字读出装置,数字万用表具有精确的电子电路,其准确度超过0.1%,远远超过模拟表。数字万用表已日益普遍用于电气诊断和检测,尤其是电气系统的检测。

汽车使用至少10 MΩ输入阻抗的数字万用表。万用表只有用于电压挡时,输入阻抗对它才适用,也就是说用10 MΩ电阻的万用表检测可防止被测电路负载下降。换言之,对汽车电路而言,这样高的电阻既可对电路上某些敏感的元件进行测试,又可做到不损坏和改变它们的电路。

1)模拟/数字表的比较

数字万用表(DMM)在许多方面都优于绝大多数型号的模拟表,其中最主要的方面是它更准确。影响模拟表精确度的因素不单是内部电路,指针也会因从不同的角度观察仪表而指在不同的位置。而数字式的却不必因此为读数不准而担心。

当数字万用表的正导线带电而负导线接地时,它即在读数前显示一个"+"符号。如果两极导线相反,读数前将会出现"-"符号,以示相反极性。Fluke 87数字万用表没有极性感应,其正极导线可接地,而负极导线与电源相接时并不损坏电路或仪表。数字万用表各按钮功能如图1.5所示。

2)数字式万用表使用

①液晶显示

若被测电压为负值,显示值前将带"-"号;若所测电压超出量程,将会在屏幕左端显示"1"或"-1"。

②电源开关

一般会在面板左上部显示屏下方字母"POWER"(电源)的旁边,"OFF"表示关,"ON"表示开(图1.6)。

很多数字式万用表都设有"睡眠模式",如果连续一定时间未使用万用表,万用表便自动进入"睡眠模式",显示屏成空白,按任何按钮或转动旋转开关,可唤醒万用表。

③量程开关

在面板中央的量程开关配合各种指示盘,可完成不同测试功能和量程的选择。在测量之前一定要保证量程开关正确,以免外电路受损。有些高档万用表设有自动量程模式(如FLUKE-15B)。在自动量程模式内,万用表会为检测到的输入量程选择最佳量程,这样可以方便工作人员转换测试点时无须重置量程(图1.7)。

HFE插口是测量晶体管直流放大倍数的,上面标有B、C、E字母,使用时将晶体管的B、C、E管脚插入相应的插口内。

④表笔插口

输入插口在面板的下部,标有"COM""V·Ω""mA"和"10 A"。使用时,黑表笔插入"COM"插孔,红表笔根据被测量的种类和大小插入"V·Ω""mA"或"10 A"的插孔中(图1.8)。

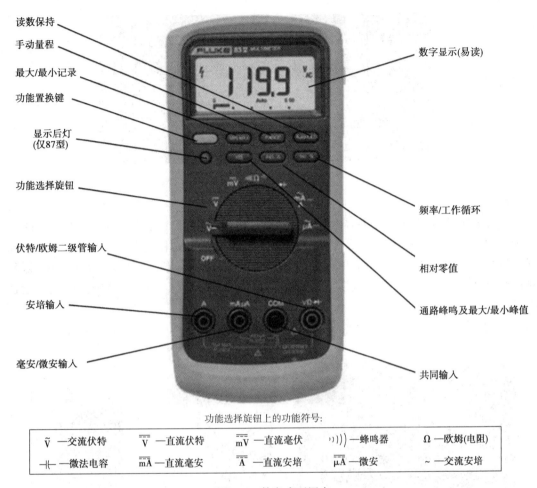

读数保持

手动量程

最大/最小记录

功能置换键

显示后灯
(仅87型)

功能选择旋钮

伏特/欧姆二级管输入

安培输入

毫安/微安输入

数字显示(易读)

频率/工作循环

相对零值

通路峰鸣及最大/最小峰值

共同输入

功能选择旋钮上的功能符号:

$\tilde{V}$ —交流伏特	$\overline{\overline{V}}$ —直流伏特	$\overline{\overline{mV}}$ —直流毫伏	')))—蜂鸣器	Ω —欧姆(电阻)
$\dashv\vdash$ —微法电容	$\overline{\overline{mA}}$ —直流毫安	$\overline{\overline{A}}$ —直流安培	$\overline{\overline{\mu A}}$ —微安	$\sim$ —交流安培

图 1.5　数字式万用表

图 1.6　数字万用表开关

图 1.7　万用表量程

A. 测量电压

直流电压是汽车电器设备维修中最常用到的测量项目。测量时,应将红表笔插入
"V·Ω"口,黑表笔插入"COM"插口,将量程开关拨至"DCV"范围内的适当量程挡,将电源
开关打开,将红表笔接正极,黑表笔接负极,并联于电路测试点上,显示器上就出现测量值。
测量交流电压方法类同于直流电压测量,只是要把量程开关拨至"ACV"范围内的适当量程
挡(图 1.9)。

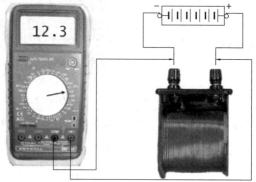

图 1.8　数字万用表插孔　　　　　　　　　图 1.9　直流电压测量

 普通万用表,不得接高于 1 000 V 的直流电压或有效值高于 750 V 以上的交
流电压。

B. 测量电阻

测量电阻时,将量程开关拨至"Ω"挡范围内的适当量程。将红色测试导线插入"V·Ω"
插口,并将黑色测试导线插入"COM"端子。将测量表笔接触到被测元件的两端,显示屏上
便可显示此元件的电阻值(图 1.10)。

C. 测量通断

当把量程开关调至通断挡,若被测元件或导线不超过 50 Ω,蜂鸣器则会发出连续报警
音,表明导通(图 1.11)。

 在测量电阻或电路的通断性时,为避免受到电击或造成万用表损坏,请确保
电路的电源已关闭,并将所有电容放电。

D. 测量电流

测直流电流时,把红表笔插入"mA"插口,若所测电流大于 200 mA 时,需插入"10 A"

插口,并将黑色测试导线插入"COM"端子。将量程开关拨到"DCA"范围内的适当量程挡,打开电源开关,将两表笔串联接在测量点上,这样就可在显示屏上读出测量值了。

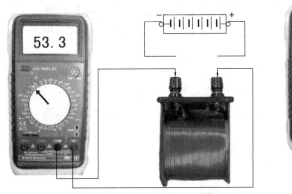

图 1.10　电阻挡使用　　　　　　　　　图 1.11　蜂鸣挡使用

交流电流的测量方法类同于直流电流的测量,只是要把量程开关拨至"ACA"范围内适当的量程挡。

E. 测量二极管

测量二极管时,将量程开关旋至二极管符号挡,将红色表笔插入"V·Ω"插口,将黑色表笔插入"COM"端子(图 1.12)。将红色探针接到待测的二极管的阳极,而黑色探针接到阴极。此时,万用表上显示的是二极管的正向压降。若将测试表笔的极性与二极管的电极反接,则显示屏读出来的是"1"。通过这样的测量,可以区分二极管的阳极和阴极,并可判断二极管的好坏。

F. 测量电容

有些万用表可测试电容,如世达工具(53 件套电器工具组套)配套 FLUKE-15B 万用表,测量时将量程开关转至"╂┠"挡位,将红色测试导线插入"V·Ω"插口,并将黑色测试导线插入"COM"端子,将表笔接触电容器导线,待读数稳定后(15 s 以上),阅读显示屏上的电容值(图 1.13)。

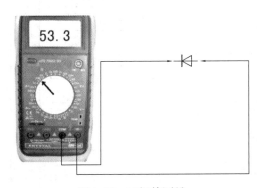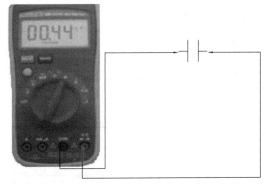

图 1.12　二极管测量　　　　　　　　　图 1.13　电容测量

　　　为避免损坏万用表,在测量电容前,必须断开电路电源并将所有高压电容器放电。

7

3）数字万用表的日常维护

更换电池和熔断丝时，为避免错误的读数导致电击或人员伤害，电池显示"███+███"亮时应尽快更换电池。打开机壳或电池门以前，须把测试线断开，电源关闭后方可进行。

万用表使用完毕后，应关闭电源，放回盒子，保存于干燥且干净的地方，禁止把万用表放在高温、易冲击或者容易掉落的地方。

4）汽车检测专用万用表

除了通用万用表以外，还有汽车专用万用表，可测量交直流电压与电流、电阻、频率、电容、占空比、温度、闭合角、转速；也有一些新功能，如自动断电、自动变换量程、模拟条图显示、峰值保持、数据锁定及电池测试等。

操作活动

汽车电路检测与分析

📖 **实施要求**

☞ 任务目标与要求

- 小组成员分工协作，利用提供实训车辆，依据工作任务分析制订工作计划，并通过小组自评或互评检查工作计划。

- 对汽车后尾灯搭铁电路进行检测并分析。

☞ 注意事项

- 在任务实施过程中，严格遵守相关实验实训制度和规范的要求，注意职场健康与安全需求，做好废料的处理，并保持工作场所的整洁。

📖 **实施步骤**

(1)决策

学生分组，明确各组的负责人；确定任务和每个人的工作职责，根据分工填入下表。

序 号	小组任务	个人职责(任务)	负责人

(2)计划

组长带领组内成员，查阅相关手册或指导书，制订任务计划，并检查计划有效性。

工作任务			
序号	工作步骤	工具/辅具	注意事项
1			
2			
3			
4			
5			

（3）实施

①实践准备。

场地准备	工量具准备	资料准备
6 人用实习场地 1 块,对应数量的课桌椅,黑板 1 块,实践车辆等	常用跨接线、试灯笔及万用表等	相关车辆维修保养手册及使用手册

②对实训车辆后尾灯搭铁线路进行检测,并将检测内容填入下表。

车　型		VIN 码	
项　目	标准值		实际值
小灯端子电压			
刹车灯端子电压			
转向灯端子电压			
后雾灯端子电压			
搭铁线通断			

③分组讨论影响后尾灯均不亮的因素可能有哪些,说明其原因,并将讨论结果填入下表。

讨论项目	影响后尾灯均不亮的故障因素
讨论结果及原因	

📖 **评估总结**

- 回答指导教师提问,并接受指导教师的相关考核。
- 对本次任务完成过程及效果进行自我评价和小组互评。
- 清洁工作场所,清点、归还相关工具设备,完成本次任务。

序　号	评估项目	自　评	互　评	教师评估
1	能正确使用万用表			
2	能正确读取各项电压值及判断线路通断			
3	能分析线路故障原因			
4	职场安全及操作规范等			
5	"5S"现场管理			
本任务实施心得:				
总体评价		教师签名		

任务 1.2　示波器、故障诊断仪使用

目标

- 能正确使用示波器及汽车故障诊断仪。
- 能知道仪器的各部分名称、规格、作用及工作原理。

内容

- 利用示波器对电器设备系统进行波形检测。
- 利用故障诊断仪对电控系统进行故障判断。
- 根据检测结果分析故障原因,并排除。

 关联知识

　　(1)示波器

　　随着汽车技术的发展,示波器越来越广泛地应用于汽车维修行业。正确地使用示波器可使维修工时缩短、效率提高。下面以金德 KT600 示波器(图 1.14 和图 1.15)为例,介绍示波器的使用。

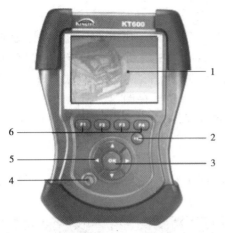

#	项　目	说　明
1	触摸屏	TFT640×480 6.4 in真彩屏，触摸式
2	(ESC)	返回上级菜单、退出
3	(OK)	进入菜单、确认所选项目
4	(⏻)	电源开关方向选择键
5	[▲][▼][►][◄]	方向选择键
6	(F4)(F1)(F2)(F3)	多功能辅助键

图 1.14　金德 KT600 示波器正面图

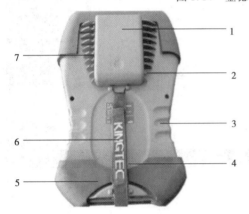

#	项目	说　明
1	打印盒	内装热敏打印机和2 000 mA·h锂电池
2	打印机卡扣	按下打印机卡扣，滑出打印盒盖板，安装打印纸
3	手持处	凹陷设计更人性化，有利于手持使用
4	卡锁	锁住诊断盒（或示波盒）确保它们和仪器的连接
5	胶套	保护仪器，防止磨损
6	保护带	防止手持时仪器滑落
7	触摸笔槽	用于插装触摸笔

图 1.15　金德 KT600 示波器反面图

1）基本功能及操作

在主界面上选择示波器分析仪,确认后进入如图 1.16 所示的菜单,只要在 KT600 的菜单中按上下方向键选择需要检测的项目,按"Enter"键即可进入下一级菜单,直到选择需要的测试项目,按"Exit"键可以返回上级菜单。

图 1.16　KT-600 主界面

2)通用示波器的调整方法

一般情况下,汽车专用示波器的波形显示不需要调整,当要做超出汽车专用示波器标准菜单以外的测试内容时,可以选择通用示波器功能,也就需要掌握一定的调整方法。在汽车专用示波器测试过程中,如果有相似菜单,调整方法也相同。选择通用示波器,按"Enter"键确认,在屏幕上有12个选项:通道、周期、电平、幅值、位置、停止、存储、载入、光标、触发、打印、退出,以及3个功能选项:通道设置、自动设置、配置取存,按左右方向键可以对选择项目进行调整(图1.17)。

①通道选取

按功能键可以选择通道1(CH1)、通道2(CH2)、通道3(CH3)、通道4(CH4)任意组合方式,如图1.18所示。

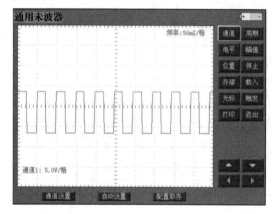

图1.17　通用示波器选择　　　　　　　　　图1.18　通道的选取

②周期调整

选择周期调整,按上下键可以改变每单格时间的长短。如果开机时设定的是10 ms/格,按向下键,则会变为5 ms/格,波形就会变稀;按向上键,则会变为20 ms/格,波形会变密。

③电平调整

对纵轴的触发电平进行调整。对于同一波形,选择不同的触发电平,波形在显示屏上的位置就会跟着变化。如果触发电平的数值超出波形的最大或最小范围时,波形将产生游动,在屏幕上不能稳定住。

④幅值调整

按上下方向键可以调整纵向波形幅值的大小,KT600可以选择1:500、1:200、1:100、1:20、1:10、1:5、1:2.5、1:1.0及1:0.5。

⑤位置调整

选择位置调整可对波形的上下显示位置进行调整。按向上方向键,波形就会上移;按向下方向键,波形就会向下移动。

⑥触发方式调整

选择触发方式调整在高频(<50 ms/格)可对波形的触发起点进行调整。使用功能键可以选择触发的方式:上升沿出发,下降沿出发,电平触发,如图1.19所示。

⑦波形的存储和载入

在选择通用示波器时,如果要存储当前波形,选择存储,(如果是刷新频率≥50 Hz/格,系统会等待采集完当前屏波形后自动冻结波形)弹出文件存储的人机界面,用户可以设定存储波形的名字,然后保存波形数据(最多支持保存64个文件)。保存完成以后,系统会自动退出存储界面。

如果要载入已储存的波形,选择载入,要是波形文件存在,系统将会自动浏览到系统已保存的文件,用户可以根据自己需要调出波形。单击"退出"/按"Esc"键可退出载入界面,如图1.20所示。

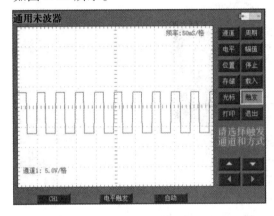

图1.19　触发方式选择　　　　　　　　图1.20　波形存储和载入

⑧配置取存

该功能主要是方便用户快捷地调整好波形的参数。例如,用户同时测试了4个传感器的波形使用了4个通道,CH1:200 mV/div;CH2:1 V/div;CH3:0.5 V/div;CH4:5 V/div,频率:20 ms/格。调整好各个通道的位置,使波形清晰地显示到界面。然后选择配置取存,可以保存当前配置到文件"4通道传感器测试";要是下次再测试4个通道的传感器波形,用户就不需要再调节烦琐的参数,只需单击"配置取存"→"载入配置",波形就可快速地清晰显示出来。依此例子,任意有"配置取存"的界面都可以做这一功能。这样的配置每个界面最多可存64个配置文件。

(2)故障诊断仪

车辆故障自检终端是用于检测汽车故障的便携式智能汽车故障自检仪,用户可利用它迅速地读取汽车电控系统中的故障,并通过液晶显示屏显示故障信息,迅速查明发生故障的部位及原因。下面就以金德KT600故障诊断仪为例,介绍故障诊断仪的使用。

1)测试条件

①打开汽车电源开关。汽车电瓶电压应在11~14 V,KT600的额定电压为DC12 V。

②节气门应处于关闭状态,即怠速结合点闭合。

③点火正时和怠速应在标准范围,水温和变速箱油温达到正常工作温度(水温90~110 ℃,变速箱油温50~80 ℃)。

2)选择测试接头和诊断座

KT600配有多种测试接头,可根据诊断界面的提示选择相应的测试接头。不同车型的诊断座位置会有不同,应找到正确的诊断座进行测试。

13

3)设备连接

①将 KT600 诊断盒插入诊断插槽,注意插入方向,将印有"UP"字样的一面朝上。

②确定诊断座的位置、形状以及是否需要外接电源。

③根据车型及诊断座的形状选择相应的接头。

④将测试延长线的一端插入 KT600 的测试口内,另一端连接测试接头。

⑤将连接好测试延长线的测试接头插到车辆的诊断座上。

若汽车诊断座不供电时,具体连接如图 1.21 所示。

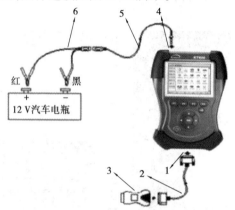

图 1.21　故障诊断仪连接图

1—诊断测试口;2—测试延长线;3—测试接口(OBD Ⅱ接头);
4—电源接口;5—电源延长线;6—双钳电源线

 请一定要先连接好主机、测试延长线和诊断接头后,才把测试接头连接到诊断座上,否则容易导致连接过程中因导线短路造成诊断座保险丝熔化。

4)进入诊断系统

连接好仪器接通电源,启动 KT600 进入主菜单,选择汽车诊断模块如图 1.22 所示。KT600 汽车诊断程序是以车型车标图形为按钮,单击某汽车相应的图标即可对该车进行诊断。

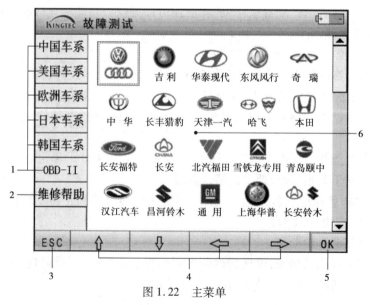

图 1.22　主菜单

图 1.22 中界面菜单的功能简介见表 1.1。

表 1.1　界面菜单功能简介

序号	项　目	说　明
1	车系选择	中国车系/美国车系/欧洲车系/日本车系/韩国车系/OBD-Ⅱ,请根据被测车辆正确选择
2	维修帮助	包含了"音响解码功能""演示教程""资料库""电路图""KT 系列注册升级指导""防盗系统""遥控器系统"和"维修手册"(包含故障码分析、数据流分析、基本设定与调整技巧、控制单元编码技巧、第二、三代防盗系统匹配)
3	ESC	触摸按钮,退出,返回上级菜单
4	⇑⇓⇐⇒	触摸按钮,方向选择
5	OK	触摸按钮,确认选择
6	选择车型	请根据被测车型正确选择(车型图标会根据你使用的频率自动排列)

　　选择相应的车型图标进行车辆故障测试,如单击中国车系下的奥迪大众图标,屏幕显示该车型的诊断信息,V02.32 为当前仪器内该车型的诊断车型版本(根据测试版本的不同,该版本号在程序升级后会随之改变),如图 1.23 所示。

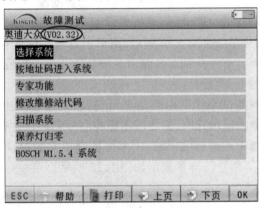

图 1.23　车型诊断信息

图 1.23 中按钮说明见表 1.2。

表 1.2　按钮说明

项　目	说　明
OK	触摸按钮,确认选择,执行当前任务
ESC	触摸按钮,退出,返回上级菜单
? 帮助	提供当前页面相关帮助信息
打印	将当前页面内容通过仪器自带的打印机打印出来或者以文件形式保存至 CF 卡的 Temp 文件夹中
上页/下页	当所有内容无法在一页内全部显示时,由它实现翻页功能

由于大众系列车型的诊断方法一样,因此,直接单击选择系统栏进入下一级操作界面,如图 1.24 所示。

图 1.24　下一级操作界面

KT600 可以用于诊断国内目前所有的奥迪大众车型,还有斯科达系列、SEAT 系列,装备有博世电控系统的小红旗和一些微型车;可以测试原厂 88 个电子控制系统。测试功能包括读取车辆电脑型号、读取故障码、清除故障码、读取动态数据流、基本设定、控制器编码、元件控制测试、各种调整匹配、自适应值清除、系统登录及防盗钥匙匹配等。选择 01-发动机,将显示汽车电脑版本号,部分车型会有多屏显示,请单击查看。读取完汽车电脑版本号后,按任意键进入系统诊断界面。下面分别对各测试系统功能菜单进行说明。

5)读取车辆电脑型号

此项功能可以读取被测试系统的电脑信息,包括版本号、CODING 号、服务站代码以及相关信息。一般更换车辆控制单元时,需要读出原控制单元信息并记录,以作为购买新控制单元的参考。对新的控制单元进行编码时,需要原控制单元的信息。在系统功能选择菜单中,选择"01-读取车辆电脑型号",屏幕显示如图 1.25 所示。

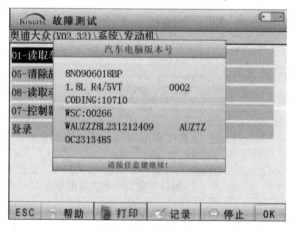

图 1.25　读取车辆电脑型号

6)读取故障码

此项功能可以读取被测试系统 ECU 存储器内的故障代码,帮助维修人员快速地查到引起车辆故障的原因。在系统功能选择菜单中,选择"02-读取故障码",系统开始检测电脑随机存储器(ROM)中存储的故障记忆内容。测试完毕后,屏幕显示出测试结果,如图 1.26 所示。

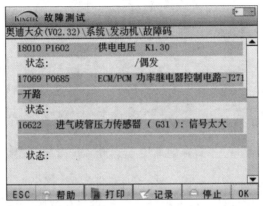

图 1.26　读取车辆故障码

通过滚动条滚动屏幕查看所有故障码信息。若所测试系统无故障码,则屏幕显示"系统正常"字样,单击"ESC"按键返回上一级菜单。

7)清除故障码

在系统功能选择菜单中,选择"05-清除故障码"进入操作界面,如图 1.27 所示。

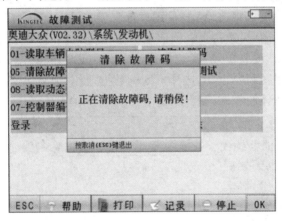

图 1.27　清除故障码

此项功能可以清除被测试系统 ECU 内存储的故障代码。一般车型请严格按照常规顺序操作:先读故障码,并记录(或打印)然后再清除故障码,试车,再次读取故障码进行验证,维修车辆,清除故障码,再次试车确认故障码不再出现。当前硬性故障码是不能被清除的,如果是氧传感器、爆震传感器、混合气修正、汽缸失火之类的技术型故障码虽然能立即清除,但在一定周期内还会出现。必须在彻底排除故障之后,故障码才不会再出现。

8)元件控制测试

此项功能可以检查执行元件的电路工作状况。在进行元件控制测试时,可观察该元件是否正常工作。如果该执行元件不正常工作,则需要检查相关电器元件、插头线束或机械部位是否存在故障。在系统功能选择菜单中,选择"03-元件控制测试"进入操作界面,如图1.28所示。

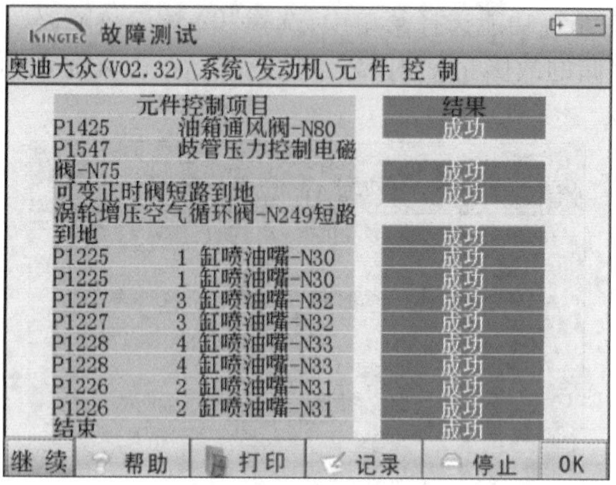

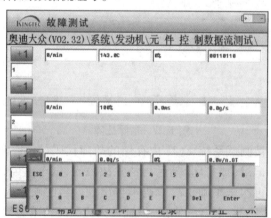

图1.28 元件控制测试

仪表板系统将会进行模拟显示,可观察仪表是否存在故障。按任意键或单击屏幕进入元件的测试。此时,仪表板上所有警告灯将会显示,从而可判断仪表警告灯或者线路是否有故障。

单击"继续"按钮进入下一元件的测试。其方法同前,直到被测试系统元件全部测试结束,按"ESC"键,即可返回系统功能选择菜单。

9)读取动态数据流

奥迪大众车系的数据流很齐全,但是需要原厂手册支持,否则只显示数据而不知道内容。在系统功能选择菜单中,选择"08-读取动态数据流"进入操作界面。例如,进入奥迪大众的测试系统,仪器默认读取 1、2、3 组数据流,如图1.29 所示,用户可通过单击屏幕界面上的组号调节框顺序增减组号大小,选择不同的数据流组;或者可直接单击组号框,利用界面弹出的小键盘输入具体的数据流组号。

图1.29 读取数据流功能

10)控制器编码

如果车辆的代码没有显示或者主电脑已经更换后,则必须进行控制单元编码。如果新的控制单元零件号和索引号完全与老的控制单元一样,只需读出老的控制单元的编码,然后编入新的控制单元。一般如果车辆配置不同,控制单元编码则一定不同。一些车型的控制单元可能只允许编码一次,且错误的编码轻则会导致车辆的性能不良,重则给车辆带来严重故障,所以尽量不能误操作。在系统功能选择菜单中,选择"07-控制器编码",系统将会弹出编码值录入窗体,确认屏幕显示如图1.30所示。

图1.30　控制单元编码功能

单击录入窗体后,利用界面弹出的大键盘,在新"CODING"栏输入正确的控制单元编码,按"Enter"键确认,并退出或直接按"Esc"键退出大键盘后,单击"Enter"键则控制单元编码完成。返回上一级重新执行"01-读取车辆电脑型号"功能,即可查看刚才录入的编码是否已经显示在CODING后面。

11)自适应值清除

自适应值清除功能相当于调整功能的00组,是为了恢复控制单元的初始值。在奥迪大众车系安装第二代防盗电脑的车型更换发动机电脑时,只用进入防盗系统。在系统功能选择菜单中,选择"自适应值清除功能",则无须进行钥匙的匹配。选择自适应清除按"OK"键,屏幕显示"是否确认要执行该操作?"按"确定"键执行,系统信息将会提示"自适应值已被清除",自适应值清除成功。按"Esc"键或任意单击触摸屏即可退出。当用非法钥匙启动发动机时,也会触发防盗,此时只需要用合法的钥匙插入点火开关,打开点火开关不启动发动机,用自适应清除功能,可解除防盗,不需要配钥匙。

　　发动机闭锁了,则只有将合法钥匙插入点火开关,等待闭锁结束,方可启动发动机。

操
作
活
动

汽车电路波形检测与故障码读取

📖 **实施要求**

☞ 任务目标与要求

• 小组成员分工协作,利用提供实训车辆,依据工作任务分析制订工作计划,并通过小组自评或互评检查工作计划。

- 对一汽-大众速腾后尾灯供电电路进行检测,读取相应的尾灯故障码,并分析。

☞ 注意事项

- 在任务实施过程中,严格遵守相关实验实训制度和规范的要求,注意职场健康与安全需求,做好废料的处理,并保持工作场所的整洁。

📖 **实施步骤**

(1)决策

学生分组,明确各组的负责人;确定任务和每个人的工作职责,根据分工填写下表。

序　号	小组任务	个人职责(任务)	负责人

(2)计划

组长带领组内成员,查阅相关手册或指导书,制订任务计划,并检查计划有效性。

工作任务			
序号	工作步骤	工具/辅具	注意事项
1			
2			
3			
4			
5			

(3)实施

①实践准备。

场地准备	工量具准备	资料准备
6人用实习场地1块,对应数量的课桌椅,黑板1块,实践车辆等	万用表,金德 KT600 检测仪	相关车辆维修保养手册及使用手册

②对实训车辆一汽-大众速腾后尾灯供电电路进行检测,并将检测内容填入下表。

车　型		VIN 码	
操作项目			
读取故障码			
小灯端子电压信号波形			

③分组讨论影响后尾灯均不亮的因素可能有哪些,说明其原因,并将讨论结果填入下表。

讨论项目	影响后尾灯均不亮的故障因素
讨论结果及原因	

📖 **评估总结**

- 回答指导教师提问,并接受指导教师的相关考核。
- 对本次任务完成过程及效果进行自我评价和小组互评。
- 清洁工作场所,清点、归还相关工具设备,完成本次任务。

序　号	评估项目	自　评	互　评	教师评估
1	能正确使用示波器和故障诊断仪			
2	能正确测量波形和读取故障码			
3	能根据故障码分析线路故障原因			
4	职场安全及操作规范等			
5	"5S"现场管理			
本任务实施心得:				
总体评价			教师签名	

21

习 题 1

一、选择题

1.用有源试灯笔测试电路时(图1.31),注意事项是(   )。

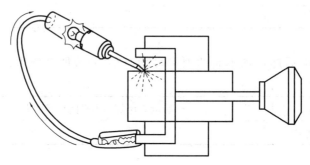

图1.31　有源试灯笔测试电路

    A.关闭电源　　　　　　B.直接测试　　　　　　C.打开电源

2.汽车使用至少(   )输入阻抗的数字万用表。

    A.10 MΩ　　　　　　　B.10 Ω　　　　　　　C.10 KΩ

3.如图1.32所示,下列图(   )显示了测量电阻线圈的正确方法。

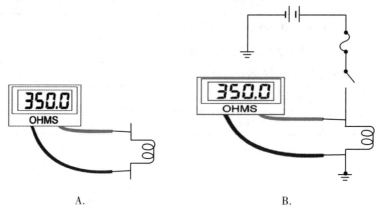

    A.　　　　　　　　　　　　　　　　　　B.

图1.32　测量电阻线圈

4.直流电压是汽车电器设备维修中最常用到的测量项目。测量时,应将红表笔插入(   )口,黑表笔插入"COM"插口(图1.33)。

    A.10 A　　　　　　　　B.mA　　　　　　　C.COM　　　　　　　D.VΩHz

5.汽车万用表测量直流电压最大不得超过(   )V。

    A.220　　　　　　　　B.500　　　　　　　C.750　　　　　　　D.1 000

图 1.33　测量直流电压

二、简答题

1. 为什么对在 ECU 控制的各种灯、马达、点火线圈及任何负载上禁止使用跨接线？

2. 数字式万用表在使用上有哪些优点？

3. 汽车检测专用万用表可以测量哪些参数？

情境 2 汽车空调系统检修

- 能正确使用氟表、真空泵、制冷剂回收装置对空调制冷系统进行压力检查和维护。
- 能熟练使用常用工具对空调制冷系统部件进行拆卸和更换。
- 能对制冷系统内部压力进行检查和分析,判断故障位置和原因。
- 能正确使用维修手册,根据故障现象和检查项目,对空调控制系统的故障进行分析和排除。
- 能运用所学知识对空调系统综合故障进行分析和判断,制订排故流程,并完成故障排除任务。

 情境导入

故障现象:

一辆 2005 款的捷达轿车,行驶里程为 1 万 km,最近因天气越来越炎热,车主在打开空调系统时发现空调出风口温度始终不凉。

故障分析:

此故障为汽车空调系统常见故障,要排除该故障,应根据汽车空调系统的组成及工作原理对空调系统进行故障诊断。

汽车空调是用来改善汽车舒适性的设备,可以对车内空气的温度、湿度进行调节,并保持车内的空气清洁。汽车空调通常都具备以下功能:

- 调节温度:将车内的温度调节到人体感觉适宜的温度。
- 调节湿度:将车内的湿度调节到人体感觉适宜的湿度。
- 调节气流:调节车内出风口的位置、出风的方向及风量的大小。
- 净化空气:滤去空气中的尘土和杂质,或对空气进行杀菌消毒。

为完成空调的上述功能,汽车空调系统通常应包括:

- 暖风装置:用以提高车内的温度。
- 制冷装置:用以降低车内的温度,并降低车内的湿度。
- 通风装置:用以调节车内的气流和换气。
- 空气净化装置:用以过滤空气及对空气进行消毒处理。

根据空调系统的组成结构特点,对于空调系统故障的原因可能有以下方面:

- 制冷系统:系统泄漏、零部件损坏。
- 控制系统:电气线路、通风控制。

对空调系统检修主要通过制冷系统、控制系统及通风系统检修 3 个任务来完成。

任务 2.1　空调制冷系统检修

目标

- 能正确使用氟表、制冷剂回收装置等工具对空调系统进行检查和维护。
- 能对制冷系统的故障进行正确的判断和分析,并排除。

内容

- 对空调制冷系统进行检查、维护、检测及拆装。
- 根据检测结果分析故障原因,并排除。

关联知识

活动 1　空调制冷系统压力检查

(1)压力检测工具认识

1)氟表的结构

当制冷系统出现问题时,最直接或最有效的检测方法就是通过压力表检测系统内部压力来判断和辨别系统是否正常。

空调压力测试表也称氟表,氟表的结构如图 2.1 所示。它主要由高、低压表,高、低压手动阀,高压软管,低压软管以及维护软管等组成。

①低压表

低压表用来显示空调系统低压侧压力值的大小,与蓝色低压管路接通。

②高压表

高压表用来显示空调系统高压侧压力值的大小,与红色高压管路接通。

③低压手动阀

低压手动阀根据需要接通或关闭低压管(蓝色)与维护软管(黄色)之间的管路连接。

④高压手动阀

高压手动阀根据需要接通或关闭高压管(红色)与维护软管(黄色)之间的管路连接。

2)氟表的连接方法

首先将高低压快速接头分别连接到空调制冷系统的高低压快速接口处;然后顺时针拧

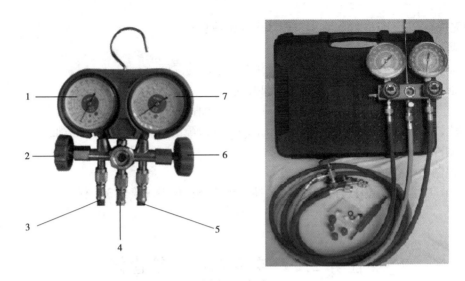

图 2.1　氟表

1—低压表;2—低压手动阀;3—接低压软管;4—接维护软管;5—接高压保护软管;

6—高压手动阀;7—高压表

紧快速接头上方的旋钮。此时,高压表指示的是空调系统高压侧的压力,低压表指示的是低压侧的压力。

　　　　连接氟表以前,要确保高低压手动阀处于关闭状态。

(2)制冷系统工作原理

1)空调制冷系统的组成

汽车空调系统一般主要由压缩机、冷凝器、蒸发箱、膨胀阀、储液干燥器、管道、冷凝风扇及控制系统等组成,如图 2.2 所示。各组成部分在车上的位置如图 2.3 所示。

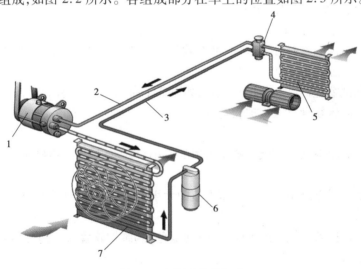

图 2.2　空调系统的组成

1—压缩机;2—低压管路;3—高压管路;4—膨胀阀;5—蒸发箱;6—储液干燥器;7—冷凝器

①压缩机

将系统中的制冷剂(氟利昂)气体进行压缩,并排出到冷凝器中。

②冷凝器

对经过压缩机压缩的高压高温制冷剂进行冷却降温,使其温度和压力都下降。

③储液干燥器

储存一部分制冷剂,且对制冷剂中的水分进行过滤,防止水分在系统中循环。

④膨胀阀

对制冷剂进行节流,使经过膨胀阀后的制冷剂压力迅速降低,并蒸发。

⑤蒸发箱

提供足够大的空间,使制冷剂进行蒸发,并吸收经过蒸发箱的空气中的热量。

⑥鼓风机

将环境温度的空气吹到蒸发箱,使空气经过蒸发箱后进行降温。

⑦散热风扇

使空气流动并经过冷凝器,从而带走冷凝器表面的温度,对冷凝器进行散热。

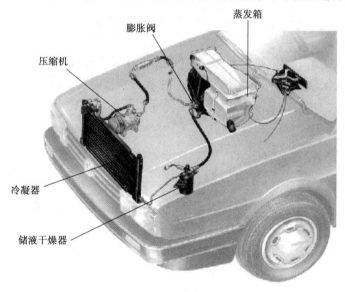

图 2.3　空调系统在车上的布置

2)制冷系统的工作原理

制冷系统工作原理是:制冷剂在空调系统中循环,经过压缩、冷凝降温、节流膨胀和蒸发制冷 4 个过程,如图 2.4 所示。其过程如下:

①压缩机在发动机带动下工作,驱使制冷剂在密封的空调系统中循环流动,压缩机将气态制冷剂压缩成高温高压的制冷剂气体后排出压缩机。

②高温高压制冷剂气体经管路流入冷凝器后,在冷凝器内散热、降温,冷凝成高温高压的液态制冷剂流出。

③高温高压液态制冷剂经管路进入干燥储液器内,经过干燥、过滤后流进膨胀阀。

④高温高压液态制冷剂经膨胀阀节流,状态发生急剧变化,变成低温低压的液态制冷剂。

⑤低温低压液态制冷剂立即进入蒸发器内,在蒸发器内吸收流经蒸发器的空气热量,使空气温度降低,吹出冷风,产生制冷效果,制冷剂本身因吸收了热量而蒸发成低温低压的气态制冷剂。

⑥低温低压的气态制冷剂经管路被压缩机吸入进行压缩,进入下一个循环。只要压缩机连续工作,制冷剂就在空调系统中连续循环,产生制冷效果。

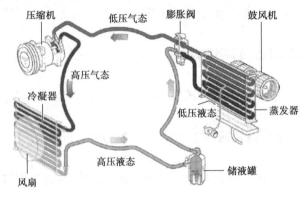

图 2.4　空调制冷系统工作原理

3)制冷剂

制冷剂是制冷循环当中传热的载体,通过状态变化吸收和放出热量。因此,要求制冷剂在常温下很容易气化,加压后很容易液化,同时在状态变化时要尽可能多地吸收或放出热量(较大的气化或液化潜热)。同时,制冷剂还应具备以下的性质:

①不易燃易爆。

②无毒。

③无腐蚀性。

④对环境无害。

制冷剂常用其头一个字母"R"来代表制冷剂,后面表示制冷剂名称,如 R12、R22、R134a 等。过去常用的制冷剂是 R12(又称氟立昂),这种制冷剂各方面的性能都很好,但是有一个致命的缺点,就是对大气环境的破坏。它能够破坏大气中的臭氧层,使太阳的紫外线直接照射到地球,对植物和动物造成伤害。我国目前已停止生产用 R12 作为制冷剂的汽车空调系统。

R12 的替代品目前汽车上广泛采用的是 R134a。R134a 在大气压下的沸腾点为 −26.9 ℃,在 98 kPa 的压力下沸腾点为 −10.6 ℃。如果在常温常压的情况下将其释放,R134a 便会立即吸收热量开始沸腾并转化为气体,对 R134a 加压后,也很容易转化为液体。如果要使 R134a 从气态转变为液态,可降低温度,也可提高压力,反之亦然。

　　　　R12 和 R134a 两种制冷剂不可以互换使用。

4)冷冻润滑油

在空调制冷系统中,有相对运动的部件,需要对其进行润滑。由于制冷系统中的工作条件比较特殊,因此需要专门的润滑油——冷冻润滑油。冷冻润滑油除了起到润滑作用以外,还可起到冷却、密封和降低机械噪声的作用。在制冷系统中的润滑油还有一个特殊的要求,就是要与制冷剂相溶,并且随着制冷剂一起循环。因此在冷冻润滑油的选用上,一定要注意正确选用冷冻润滑油的型号,切不可乱用,否则将造成严重的后果。

操作活动

空调压力检测与分析

📖 **实施要求**

☞ 任务目标与要求

● 小组成员分工协作,利用提供实训车辆,依据工作任务分析制订工作计划,并通过小组自评或互评检查工作计划。

● 对空调系统的压力进行检测并分析。

☞ 注意事项

● 在任务实施过程中,严格遵守相关实验实训制度和规范的要求,注意职场健康与安全需求,做好废料的处理,并保持工作场所的整洁。

📖 **实施步骤**

(1)决策

学生分组,明确各组的负责人;确定任务和每个人的工作职责,根据分工填写下表。

序　号	小组任务	个人职责(任务)	负责人

(2)计划

组长带领组内成员,查阅相关手册或指导书,制订任务计划,并检查计划有效性。

工作任务			
序号	工作步骤	工具/辅具	注意事项
1			
2			
3			
4			
5			

(3)实施

①实践准备。

场地准备	工量具准备	资料准备
6 人用实习场地 1 块,对应数量的课桌椅,黑板 1 块,实践车辆等	常用工具、空调氟表等	相关车辆维修保养手册及使用手册

②对空调制冷系统进行压力检测,并将检测内容填入下面项目单。

车　型		VIN 码	
项　目	标准值		实际值
高压侧压力			
低压侧压力			

③分组讨论影响制冷系统压力的因素可能有哪些,说明其原因,并将讨论结果填入下表。

讨论项目	影响制冷系统压力的因素
讨论结果及原因	

④根据测量结果及维修手册,讨论空调系统可能出现的不正常压力现象,并将讨论结果填入下表。

讨论项目	空调系统可能出现的不正常压力现象	
讨论结果	压力现象	可能原因

📖 **评估总结**

- 回答指导教师提问,并接受指导教师的相关考核。
- 对本次任务完成过程及效果进行自我评价和小组互评。
- 清洁工作场所,清点、归还相关工具设备,完成本次任务。

序号	评估项目	自 评	互 评	教师评估
1	能正确使用氟表			
2	能正确读取压力值			
3	能分析制冷系统压力不正常的原因			
4	职场安全及操作规范等			
5	"5S"现场管理			
本任务实施心得：				
总体评价			教师签名	

活动2 制冷系统检漏

制冷剂泄漏是空调使用中最为常见的故障。制冷剂泄漏容易造成环境污染，另外增加车主维护车辆的费用和时间。

汽车空调的检漏方法如下：

（1）目测检漏法

发现空调系统某处有油迹时，此处可能为渗漏点。目测检漏简便易行，没有成本，但是有很大缺陷，除非系统突然断裂的大漏点，并且系统泄漏的是液态有色介质，否则目测检漏无法定位，因为通常渗漏的地方非常细微，而且汽车空调本身有很多部位几乎看不到。

（2）泡沫检漏法

泡沫检漏是向系统中充入一定压力的干燥氮气（或者空气），然后用肥皂水涂抹在怀疑有泄漏的部位，观察有无气泡产生，如图2.5所示。

图2.5 泡沫检漏法

1）真空泵

真空泵又称空气泵，它是现代轿车修理厂较常采用的空调系统维护工具之一。若无压缩氮气，可采用空气泵向空调系统内泵入大气，然后进行检验。如图2.6所示为空调系统维护常用的抽真空、打气两用空气泵。在空气泵的接口上一般标注有"抽真空"和"打气"字样,需抽真空时,将空调氟表的维护软管与抽真空接口连接。若需向系统中充注空气进行试漏时,则应将空调氟表的维护软管与打气接口连接起来。

图2.6 空气泵

1. 向空调系统中注入空气时,应尽量避免在空气湿度比较大的环境下进行,以免空气中的水分进入系统中,使储液干燥罐中的干燥剂吸水饱和,影响其正常使用。

2. 充注空气后,应对系统进行长时间的抽真空,以免空气中的水分残留在系统中。

3. 若确定系统存在泄漏,则可保留系统残留制冷剂,直接向系统中冲入压缩空气,以避免冲入过多的压缩空气。但是,采用此方法,残留制冷剂将不能被回收。

2)真空泵的使用方法

①打压

a. 空调氟表的高、低压软管分别连接在空调系统高、低压侧的快速接口上,并将维护软管连接在空气泵的出气孔上。

b. 打开氟表上的高压手动阀,并启动空气泵。

c. 观察高压压力表达到1.5~2.0 MPa时,关闭高压侧阀门,并关闭空气泵或断开氟表维护软管与空气泵的连接。

d. 用泡沫法检查空调各个管路连接口或者怀疑泄漏点是否有气泡产生。

②抽真空

a. 空调氟表的高、低压软管分别连接在空调系统高、低压侧的快速接口上,并将维护软管连接在空气泵的吸气孔上。

b. 启动空气泵,并打开氟表高、低压手动阀。

c. 抽真空时间为5~10 min,使低压表所示的真空度达105 Pa,然后关闭氟表的高、低压手动阀,并关闭真空泵,或者断开维护软管与空气泵的连接。

d. 放置5 min,观察压力表,如果指针继续上升,说明真空下降,系统有泄漏之处,应进行泄漏检查,并修理堵漏。

3)泡沫检漏操作方法

先向系统中充入一定压力的干燥氮气。充注时,将氮气装置与空调氟表中间的黄色维护软管连接起来,然后分别打开氮气装置阀门及氟表的高压手动阀,待高压表压力指示到达1.5~2.0 MPa时,关闭高压手动阀和氮气装置阀门。充注后,压力应在24 h内无明显下降。若压力下降,则要检查泄漏部位。试漏时,应重点检查压缩机、冷凝器、储液干燥罐、膨胀阀处的接口部位。

 　　若空调系统内部的制冷剂不需要回收,或系统泄漏较大时,可直接向系统内部充注氮气。若需将系统中的制冷剂回收时,则应先对空调系统中的制冷剂进行回收。回收完毕后,再对空调系统进行充注氮气,进行加压试漏。

泡沫检漏法是目前维修站最常见的检漏方法,但是人的手臂是有限的,人的视力范围是有限的,很多时候根本看不到漏点。

(3)电子检漏仪检漏

如图2.7所示为空调系统电子检漏仪。它又称"电子鼻",是专门用来检测空调系统制冷剂泄漏的专用工具,用探头对着有可能渗漏的地方移动,当检漏装置发出警报时,即表明此处有大量的泄漏。电子检漏仪具有方便快捷、操作简单的优点。但电子检漏产品容易损坏,维护复杂,容易受到环境化学品如汽油、废气的影响。

使用电子检漏仪检测制冷剂泄漏前,需保证发动机舱内及所在工作环境的空气中没有人为造成的制冷剂残留,以保证其检测数值的准确性。由于氟利昂(制冷剂)密度大于空气,故检测时,只需将检测探头伸入管路接口下方或怀疑为泄漏点的下方即可。当检测到空气中有制冷剂时,根据所含制冷剂浓度发出不同显示信号和声音信号。

(4)荧光检漏

荧光测漏仪是利用荧光检漏剂在紫外检漏灯照射下会发出明亮的黄绿光的原理,对各类系统中的流体渗漏进行检测的。在使用时,将荧光液与制冷剂混合一同充入空调系统内部。若空调系统存在泄漏,则在运行过程中,荧光液会与制冷剂一起从泄漏点排出,并滞留于泄漏点附近。此时,通过使用紫外线灯便可找出泄漏点。如图2.8所示为制冷剂荧光检漏设备。

图2.7　电子检漏仪

图2.8　荧光检漏设备

荧光检漏的优点是：荧光侧漏液充入制冷系统，不影响空调系统的正常使用。

 操作活动

空调系统检漏

📖 **实施要求**

☞ 任务目标与要求

• 小组成员分工协作，利用提供实训车辆，依据工作任务分析制订工作计划，并通过小组自评或互评检查工作计划。

• 按计划对空调系统进行加压试漏；根据实施过程及结果填写项目表单。

☞ 注意事项

• 在任务实施过程中，严格遵守相关实验实训制度和规范的要求，注意职场健康与安全需求，做好废料的处理，并保持工作场所的整洁。

📖 **实施步骤**

(1)决策

学生分组，明确各组的负责人；确定任务和每个人的工作职责，根据分工填写下表。

序　号	小组任务	个人职责（任务）	负责人

(2)计划

组长带领组内成员，查阅相关手册或指导书，制订任务计划，并检查计划有效性。

工作任务			
序号	工作步骤	工具/辅具	注意事项
1			
2			
3			
4			
5			

(3)实施

①实践准备。

场地准备	工量具准备	资料准备
6 人用实习场地 1 块,对应数量的课桌椅,黑板 1 块,实践车辆等	常用工具套件、车辆防护套件、真空泵、电子检漏仪等	相关车辆维修保养手册及使用手册

②使用空气泵向制冷系统中注入压缩空气,用泡沫法检测空调系统是否泄漏,并将实践工作步骤填入下表。

车　型		VIN　码	
冲入压力		5 min 后压力	
10 min 后压力		有无气泡	
泄漏点描述			
实施过程			

📖 **评估总结**

- 回答指导教师提问,并接受指导教师的相关考核。
- 对本次任务完成过程及效果进行自我评价和小组互评。
- 清洁工作场所,清点、归还相关工具设备,完成本次任务。

序号	评估项目	自 评	互 评	教师评估
1	能正确认识检漏工具			
2	能正确使用检漏工具			
3	能按要求完成空调系统检漏			
4	职场安全及操作规范等			
5	"5S"现场管理			
本任务实施心得:				
总体评价			教师签名	

活动 3　制冷剂的回收和加注

关联知识

　　当制冷系统出现泄漏时,或者压力检测结果怀疑某个元件损坏或者确定某个元件损坏需要更换时,需要对空调系统进行拆装检查。拆装前,需要先对制冷系统中的制冷剂进行回收或者排放。更换完系统部件或者完成制冷系统检修之后,应向系统内部加注制冷剂。

(1)制冷剂回收加注机

　　制冷剂回收加注机又称汽车空调冷媒机,是空调系统维护中常用工具之一。其特点是,操作简单方便,维护过程中只需设定好相关数据,完全可以做到无人值守,自动完成空调系统制冷剂的回收和加注过程。

　　1)制冷剂回收加注机的构成及功用

　　制冷剂回收加注机可对汽车空调制冷系统实施制冷剂回收、制冷剂加注、压缩机冷冻油回收和加注等功能,同时还具有制冷系统抽真空、检漏及电子计量等多种用途。除此之外,还可以选择自动模式,设定好相应参数之后,自动完成制冷剂回收、抽真空、制冷剂加注等过程。

　　制冷剂回收加注机的型号有多种。如图 2.9(a)所示为 AC350C 型制冷剂回收加注机,如图 2.9(b)所示为 GDLM-120C 型汽车空调冷媒机。其功能和用途基本相同,适合各种车型汽车空调使用。GDLM-120C 型加注机的构成及操作面板如图 2.10 所示。其机组附件包括 3 根专用加液管,R134a 专用接头,R12、R134a 专用开启阀,备用密封垫及多种汽车接头。该机可加注 R12 及 R134a 两种制冷剂。

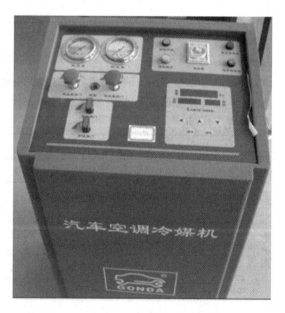

(a)AC350C型制冷剂回收加注机　　　　　(b)GDLM-120C型制冷制回收加注机

图 2.9　制冷剂回收加注机

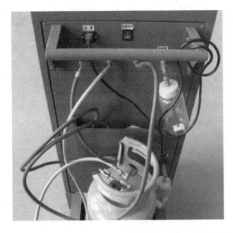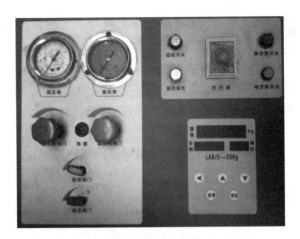

图2.10　GDLM-120C型加注机的构成及操作面板

2）制冷剂回收加注机保养与维修

①经常检查冷媒串液管的密封垫，发现破坏及时更换。

②定期查看真空泵邮箱上的油标，油面应在两条油标线之间，真空泵规定的储存油量为250 mL，如发现真空泵油变黑或浑浊应及时更换。

③定期校准定时器和电子秤，发现问题要及时修复。

④机器不工作时，应关掉所有的阀门和电源。

⑤长时间不用，应卸荷内部压力，待重新使用时，应检查各部位是否有泄漏，压缩机、真空泵运转是否正常。

1. 应将制冷剂回收加注机置于通风处使用。

2. 要正确地操作各个阀门，不要将阀门拧得过紧。若正确开关阀门仍有泄漏，应及时地进行检修或更换。

3. 应远离易燃、易爆物品，严防火灾。

4. 冷媒必须回收到指定的冷媒罐中，不能混淆不同的冷媒。不同的冷媒使用的冷冻润滑油不同。

5. 操作时，必须戴上安全眼镜或护目镜，防止冷媒进入眼睛。一旦进入，不要揉眼，用清水清洗，并及时将无菌眼罩布罩在受伤的部位，防止脏物进入，尽快去医院。

6. 不得将冷媒排放到大气中。

7. 只允许将纯净且经过认可的冷媒和冷冻润滑油加入空调系统。

（2）制冷剂的回收

1）传统制冷剂排空方法

①与空调的制冷系统连接起来，将空调温度调至最冷，鼓风机调至最高转速。

②开空调系统，使发动机以1 000～2 000 r/min运转10～15 min。

③关闭发动机，慢慢打开氟表的低压手动阀，并将氟表的维护软管放置在带刻度的容器内，用以收集随制冷剂流出的压缩机油。

④压力表的压力降至345 kPa时，再缓慢打开氟表高压手动阀。注意开度不要太大，如果此时压缩机油流出较多，说明放泄速度太快，应关小高、低压手动阀。

⑤压力下降到0，冷剂停止泄出时，关闭手动阀，制冷剂排放结束。

用传统的制冷剂排放方法进行排放时,一定要在通风良好的室外进行,绝不能排在室内,以免污染工作环境。

2)使用空调制冷剂回收加注机进行制冷剂回收

各种回收装置的操作方法不完全相同,但是基本方法相同。以 DLM-120C 型汽车空调冷媒机为例介绍制冷剂的回收程序。

①操作前的准备

a.真空泵加注润滑油至规定刻线。

b.各管路应连接牢固,高压(红色)和低压(蓝色)串液软管及回收/加注管(黄色)与端部球阀连接牢固。

c.将电源插头插在带有接地线的220 V插座上,打开电源开关,电源指示灯亮。

d.各阀门和开关均处于关闭位置。

②设备自身系统抽空和检测

a.关闭高压(红色)、低压(蓝色)串液管部球阀及回油瓶和加油瓶上部的球阀(在设备的后面)。

b.打开高压表阀门和低压表阀门、回收/加注串液管球阀和冷媒罐阀门。

c.将控制面板的回收阀门和加注阀门旋转至水平位置。

d.将定时器顺时针旋转至5 min。

e.接通电源线,打开电源开关。

f.启动控制面板上真空泵开关按钮,指示灯亮,设备自身抽真空开始。当定时器达到设定的定时时间,真空泵自动停机。此时,低压表指示值为 -30 Psi(lb/in^2)。

g.观察低压表针在5 min内是否在不停地摆动,有无返还现象。若指针无返还现象表示正常,否则说明管路有泄漏,应采取打压检漏的方法,找出漏气的部位加以解决。抽真空后,关闭所有阀门。

③冷媒回收操作

a.该设备自身系统抽完真空后,分别将设备的高低压串液管软管高压(红色)低压(蓝色)分别接到需冷媒回收车辆的高低压接口处。

b.在检测车辆系统压力时,如果确认系统压力少于14.5 Psi(0.1 MPa)时,压力过低无法回收,即可采用抽真空的方法。

c.冷媒回收前,需将冷媒罐放在设备后面电子秤上,按下电子秤开关按钮,电子秤开始自检,并显示罐重。

d.按下清零键。

e.打开冷媒罐上的回收阀。

f.打开高低压软管端部球阀。

g.将回收阀门旋转至水平位置(开)。

h.将加注阀门旋转至垂直位置(关)。

i.打开高压表阀门和低压表阀门。

j.按回收开关按钮,回收指示灯亮,此时压缩机启动,冷媒回收开始。

● 当低压表指针降至0~20 Psi时,表示冷媒回收完毕。此时,电子秤显示回收的质量。

● 再次按下回收开关,回收指示灯熄灭,压缩机停止运行。

- 将回收的质量作好记录,再次按下电子秤开关,关闭电子秤。
- 关闭冷媒罐上的回收阀门。
- 关闭连接在汽车上的高低压串液软管端部的球阀,从汽车高低压接口上卸下高低压串液管,并放在指定位置。
- 关闭高压表阀门和低压表阀门。
- 回收阀门旋转至垂直位置(关)。

1. 回收过程中冷媒罐上的压力超过200 Psi时,压力控制开关会自动断开压缩机电源,压缩机停止工作,超压指示灯亮并报警。此时,应关闭回收开关,待压力降下后再继续使用。如果压力表超过200 Psi超压指示灯不亮,蜂鸣器也不报警,则应立即关机,停止工作,查明原因后再使用。

2. 回收时,切记必须打开冷媒回收阀门和串液管球阀。

3. 在系统没有压力时,应定期打开回收油瓶阀门。

4. 定期更换干燥过滤器。

(3) 制冷剂的加注

1) 汽车空调系统抽真空

如果是刚回收过冷媒的汽车空调,没有必要再抽真空即可进行冷媒的加注。若是更换制冷系统部件或完成对制冷系统的检修后的空调系统,必须先对汽车的空调系统进行抽真空和检查系统有无泄漏。其目的是排除制冷系统中可能存在的空气及水分。制冷系统中若存在空气则会阻碍制冷剂的循环,导致压缩机排气压力增大,排气温度升高,导致压缩机过热,影响制冷效果。同时,空气中的氧和水分会与冷冻机油起化学反应,使冷冻机油变质。此外,空气中的水分还会造成膨胀阀冰堵,影响制冷剂循环。水分还会与制冷剂反应生成酸性物质,腐蚀系统部件。

对制冷系统进行抽真空的步骤如下:

①首先将本机的高压(红色)低压(蓝色)串液软管分别连接到汽车空调的高低压接口处。

②确认控制面板的高压表阀门、低压表阀门处于关闭位置。

③将定时器设置为15 min。

④分别打开高低压串液软管端部球阀。

⑤按真空泵开关,真空泵启动,指示灯亮。

⑥打开控制面板的高压表阀门和低压表阀门。

⑦观察低压表指示值是否显示在 -20 ~30 Psi,如果达到此值说明真空已抽完。

⑧关闭高压表阀门和低压表阀门。

1. 停止抽真空时,应先关闭氟表的高、低压手动阀后,方可关闭真空泵,防止空气回窜到系统中。

2. 抽真空的时间不得少于30 min。

3. 不用担心冷冻机油被抽出,因为它的饱和温度比水要低很多。抽真空反而有利于将冷冻油中的水分蒸发分离出来。

2) 冷冻机油的加注

每次回收完成后,都应将回收的废机油从系统内排出。其方法是:停机前先关闭冷媒灌上的阀门、高压表阀门和低压表阀门,然后慢慢打开机器下部的回油瓶阀门,让废油排放干净,关闭阀门后再停机。

在加注制冷剂前,应先利用系统中的真空,将冷冻机油吸入系统中。冷冻油的加注量参考维修手册,并根据更换部件参照冷冻油补充标准进行补充。

待汽车空调系统抽完真空后,按润滑油与冷媒 1∶25 的质量比将润滑油装在加油瓶内(在电子秤上称重)。在加制冷剂之前,先将润滑油加入汽车空调系统中。加完后,关闭加油瓶上部阀门。

 R134a 制冷剂的冷冻油不能与 R12 制冷剂的冷冻油混淆。添加时,一定要根据制冷剂选择冷冻油。

3)制冷剂的加注

在制冷系统经过抽真空且确认没有泄漏后,可开始对制冷系统加注制冷剂。

①使用氟表进行小罐制冷剂加注

使用小罐制冷剂加注有两种方法:一种是从高压端加注,加注的是液态制冷剂;另一种是从低压端加注,加注的是气态制冷剂。

A. 高压端加注法

a. 首先将氟表中间的维护软管(黄色)与制冷剂罐连接好,如图 2.11 所示。

图 2.11　连接制冷剂罐

b. 然后用制冷剂排除氟表组件各个管路中的空气。其具体方法是:先关闭高、低压手动阀,拆开氟表高压软管与空调系统的连接,打开氟表高压手动阀。当高压软管有制冷剂排出时,迅速将高压软管与系统高压接口连接,并关闭高压手动阀。用同样的方法,排除氟表低压软管内的空气。

c. 打开氟表的高压手动阀,并观察高压表指针。当高压表指针不再上升时,关闭氟表高压手动阀。

B. 低压端加注法

a. 将氟表与制冷剂储液罐连接到制冷系统中。

b. 排除氟表管路中的空气。

c. 启动发动机并打开空调开关,使空调压缩机运转。

d. 打开制冷剂储液罐开关,缓慢打开氟表低压手动阀,使制冷剂由低压侧吸入制冷系统中。

1. 在进行低压端加注时,不可将制冷剂储液罐倒置,防止液态制冷剂流入低压侧对空调压缩机造成换坏。

2. 加注时,还应注意观察高低压侧压力变化。达到固定压力时,立刻停止制冷剂的加注。

3. 在进行高压端加注时,千万不能打开空调系统,防止发生意外。

②使用制冷剂加注机进行制冷剂的加注

a. 在汽车空调系统没有制冷剂的情况下,应按上述给汽车抽空的方法进行抽真空操作,抽完真空后进行冷媒加注。此时,应将黄色软管接到汽车空调系统同品种冷媒的冷媒灌上。根据预测须加注的冷媒量,按油与冷媒量1:25的比例将冷冻润滑油装在加油瓶内,并在冷媒加注前,先将润滑油加入汽车空调系统中,然后关闭加油球阀。

b. 加冷媒前将冷媒罐放在电子秤上,按下电子秤开关,电子秤值稳定后按清零键。

c. 关闭回收阀门打开加注阀门,打开冷媒罐阀门及黄色串液软管球阀,打开低压表阀门,加注冷媒开始。

d. 待高压表指针不动时关闭高压表阀门启动汽车发动机从低压管道加注。当高压表显示值在175~262 Psi时,低压数值在22~44 Psi时表示冷媒已加好,冷媒加注量可在电子秤面板上直接显示出来。

e. 加注后,关闭所有阀门及电源开关,从车上取下软管并放在指定的位置。

1. 加油瓶内软管必须插到瓶底,缓慢开启加油瓶上的球阀,防止空气进入制冷系统。

2. 加注时必须关闭回收阀门,以防冷媒倒流。

操作活动

制冷剂的回收和加注

📖 **实施要求**

☞ 任务目标与要求

• 小组成员分工协作,利用提供实训车辆,依据工作任务分析制订工作计划,并通过小组自评或互评检查工作计划。

• 按计划对空调系统制冷剂进行回收和加注;根据实施过程及结果填写项目表单。

☞ 注意事项

• 在任务实施过程中,严格遵守相关实验实训制度和规范的要求,注意职场健康与安全需求,做好废料的处理,并保持工作场所的整洁。

📖 **实施步骤**

(1)决策

学生分组,明确各组的负责人;确定任务和每个人的工作职责,根据分工填写下表。

序 号	小组任务	个人职责（任务）	负责人

（2）计划

组长带领组内成员，查阅相关手册或指导书，制订任务计划，并检查计划有效性。

工作任务			
序号	工作步骤	工具/辅具	注意事项
1			
2			
3			
4			
5			
6			
7			

（3）实施

①实践准备。

场地准备	工量具准备	资料准备
6人用实习场地1块，对应数量的课桌椅，黑板1块，实践车辆等	常用工具套件，车辆防护套件，制冷剂回收加注机、制冷剂等	相关车辆维修保养手册及使用手册

②对制冷系统中的制冷剂进行排放或者回收，并将实践工作步骤填入下表。

车　型		VIN码	
制冷剂回收质量		压缩机油排出量	
制冷剂回收 实施过程			

③对制冷系统中的制冷剂进行加注,并将实践工作步骤填入下表。

操作项目			
加注类型	补充加注□		完全加注□
项　目		补充前	补充后
压力	高压侧		
	低压侧		
冷冻油补充量			
制冷剂加注 实施过程			

📖 评估总结

● 回答指导教师提问,并接受指导教师的相关考核。

● 对本次任务完成过程及效果进行自我评价和小组互评。

● 清洁工作场所,清点、归还相关工具设备,完成本次任务。

序号	评估项目	自评	互评	教师评估
1	能正确使用制冷剂加注机			
2	能正确完成制冷剂的回收			
3	能正确完成冷冻机油的加注			
4	能正确完成制冷剂的加注			
5	职场安全及操作规范等			
6	"5S"现场管理			
本任务实施心得:				
总体评价			教师签名	

活动4 制冷系统零部件检修

(1)压缩机

压缩机的作用是将从蒸发器出来的低温、低压的气态制冷剂通过压缩转变为高温、高压的气态制冷剂,并将其送入冷凝器。目前,在汽车空调系统中所采用的压缩机有多种类型,比较常见的有斜盘式压缩机、叶片式压缩机、涡旋式压缩机、曲轴连杆式压缩机等。此外,压缩机还可分为定排量和变排量的两种形式。变排量压缩机可根据空调系统的制冷负荷自动改变排量,使空调系统运行更加经济。

1)压缩机的类型

①往复式压缩机

往复式压缩机又称活塞式压缩机,由活塞在汽缸内作往复运动而将气体吸入、压缩和排出的压缩机。它主要由运动部件、汽缸、活塞和阀门等构成,如图2.12(a)所示。

②涡旋式压缩机

涡旋式压缩机通过涡旋管道压缩由一个固定的渐开线涡旋盘和一个呈偏心回旋平动的渐开线运动涡旋盘组成可压缩容积的压缩机,如图2.12(b)所示。

(a)往复式压缩机　　　　　　　　　　(b)涡旋式压缩机

图2.12　压缩机

③叶片式压缩机

叶片式压缩机类似于机油泵提供了一种叶片式压缩机。

④斜盘式压缩机

斜盘式压缩机依靠与转轴呈一定倾斜的斜盘的旋转运动带动活塞或活塞杆作往复运动,以实现气体压缩的压缩机。

2)压缩机的结构和工作原理

①旋转斜盘式压缩机

旋转斜盘式压缩机主要由电磁离合器、输入轴、传动斜盘、摇板、连杆、活塞、阀板及阀片机后端盖组成。这种压缩机通常在机体圆周方向上布置有6个或者10个汽缸,每个汽缸中安装一个双向活塞形成6缸机或10缸机,每个汽缸两头都有进气阀和排气阀。活塞由斜盘驱动在汽缸中往复运动,活塞的一侧压缩时,另一侧则为进气。如图2.13所示为定排量斜盘式压缩机,其斜盘角度和活塞行程都是固定的。如图2.14所示为变排量斜盘式压缩机,其斜盘角度和活塞行程均可变。

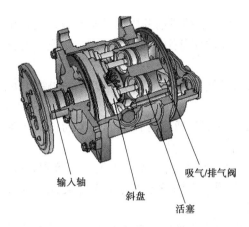
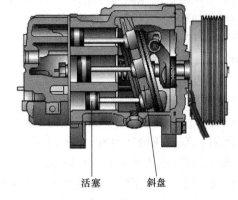

图 2.13　定排量斜盘式压缩机　　　　图 2.14　变排量斜盘式压缩机

　　旋转斜盘式压缩机的工作过程如图 2.15 所示。压缩机轴旋转时,轴上的斜盘同时驱动所有的活塞运动,部分活塞向左运动,部分活塞向右运动。其中,活塞在向左运动中,活塞左侧的空间缩小,制冷剂被压缩,压力升高,打开排气阀,向外排出。与此同时,活塞右侧空间增大,压力减小,进气阀开启,制冷剂进入汽缸。由于进、排气阀均为单向阀结构,因此保证制冷剂不会倒流。

　　②变排量压缩机

　　变排量压缩机按照结构形式,可分为斜盘式、滚动活塞式、螺杆式、旋片式及涡旋式等机型,其中,斜盘式变排量压缩机目前应用最多。如图2.16所示为变排量压缩机结构组成。

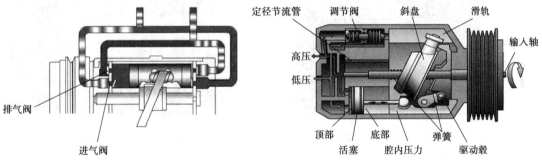

图 2.15　旋转斜盘式压缩机的工作过程　　　图 2.16　变排量压缩机结构组成

　　斜盘式变排量压缩机与定排量压缩机相比,改变了传统的离合器启闭压缩机的调节方式,压缩机运行连续平稳,不会引起汽车发动机周期性的负荷变化;空调送风温度波动小,有利于提高车内环境的热舒适性;可保持几乎恒定且略高于结霜温度的蒸发温度,防止了蒸发器表面结霜;降低能耗,节能燃油。

　　变排量空调压缩机可根据设定的温度自动调节功率输出。空调控制系统不采集蒸发器出风口的温度信号,而是根据空调管路内压力的变化信号控制空调压缩机的压缩比来自动调节出风口温度。在制冷的全过程中,空调压缩机始终是工作的,制冷强度的调节完全依赖装在空调压缩机内部的压力调节阀来控制。当空调管路内高压端的压力过高时,压力调节阀缩短空调压缩机内活塞行程以减小压缩比,这样就会降低制冷强度。当高压端压力下降到一定程度,而低压端压力上升到一定程度时,压力调节阀则增大活塞行程以提高制冷强度。

　　可变排量压缩机简称变排压缩机,在变排压缩机内部,装有一个调节阀,并通过一条定径节流阀将压缩机高压侧与压缩机前腔(摆板箱)相通。压缩机前腔中的驱动斜盘通过铰链与压缩机驱动轴驱动毂相连接;并可以前后摆动。斜盘两侧分别装有两个弹簧,弹簧1与弹簧2,如图2.17所示。

为了保证驱动斜盘在正常情况下处于正常位置,弹簧1的弹力要大于弹簧2的弹力,驱动斜盘倾斜度达到最大值。

当系统内部压力正常时,高压侧的制冷剂有极小一部分通过定径节流阀流向压缩机前腔(摆板箱)内,而后通过调节阀流回低压侧。活塞背部压力正常。

当系统内部高压侧压力由于散热不良或其他故障升高时,高压侧压力迫使调节阀右移,堵住压缩机前腔(摆板箱)流向低压侧的节流孔,且在压力作用下通过定向节流孔流向摆板箱的制冷剂增多,致使压缩机摆板箱压力迅速升高。

此时,活塞背部压力升高,阻止活塞向右移动(即活塞向吸气方向的移动),活塞拖拽活塞连杆与斜盘,致使斜盘在活塞拖拽及弹簧2的作用力下克服弹簧1的弹力,逐渐减小其倾斜度。最终导致活塞的左右行程变短,压缩机的排量减小,如图2.18所示。

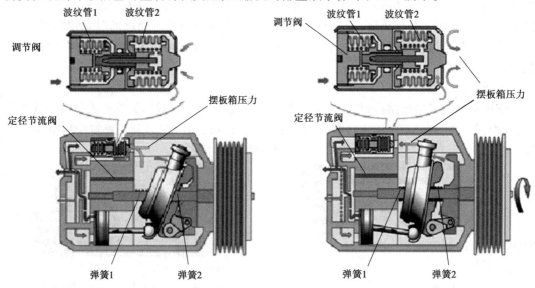

图2.17 变排量压缩机工作正常情况　　图2.18 变排量压缩机工作原理(排量减小)

3)压缩机常见故障及检修

①压缩机常见故障

汽车空调系统大多数运动件都在压缩机上,因此,压缩机的检修量最大。一般压缩机常见的故障有卡住、泄漏、压缩机运转不良及异响这4大类型。

A.卡住

卡住是指压缩机卡住导致不能转动。卡住的原因通常是润滑不良或者没有润滑。空调系统运行中,如果发现离合器或传动带打滑,在排除不是离合器或传动带的故障后,一般都是由压缩机卡住所致。这时,应立即关闭点火开关,检查系统是否泄漏。如果是制冷剂泄漏而带跑冷冻机油,则应进行系统检漏;如果系统不泄漏,则可能是冷冻机油加注量不够,应补加冷冻机油。

如果压缩机卡得很牢,根本不能转动,可能是活塞在汽缸内咬死,这种情况必须更换压缩机。

B. 泄漏

泄漏也是压缩机的常见故障。压缩机有漏气和漏油两种情况。泄漏轻微，只泄漏制冷剂，严重时，既泄漏制冷剂又泄漏冷冻油。

在压缩机轴封处也有很微量的泄漏，如果每年的泄漏量小于14.2 g，不影响制冷系统的功能，认为是正常情况；若泄漏量超过14.2 g，就必须对压缩机进行检修，更换密封件。如果压缩机缸体上出现裂纹产生泄漏，则应更换压缩机。

C. 运转不良

压缩机出现运转不良，可用氟表检查压缩机的吸气压力和排气压力。如果两者压力几乎相同，用手触摸压缩机，发现其温度异常地高，其原因是压缩机缸垫窜气，从排气阀出来的高压气体通过汽缸垫的缺口窜回到吸气室，再次压缩，产生温度更高的蒸汽，这样来回循环，会把冷冻机油烧焦造成压缩机报废。

如果进、排气阀片破坏或者变软，也将造成压缩机不能压缩制冷剂或者压缩不良，这种故障只是吸气压力和排气压力相同或者相差不大，而压缩机不会发热。

D. 异响

空调系统的异响主要来源于压缩机和鼓风机的风扇，但是异响如果是压缩机发出的，异响的主要原因如下：

a. 尖叫声主要由离合器结合时打滑发出的，或者由于传动带过松或磨损引起。

b. 压缩机的振动以及轴的振动也是异响的来源之一。检查其支承架是否断裂，紧固螺栓是否松动。引起压缩机振动的还有传动带的张紧力过大或传动带轴线不平行。压缩机轴承磨损过大，会引起轴的振动。传动带轴承润滑不良，也会引起异响。

②压缩机就车诊断

启动发动机，保持1 250～1 500 r/min，把氟表接入制冷系统中，打开空调开关，并将鼓风机转速调至最大。

检查结果分析如下：

a. 检查压缩机及其进、排气口温度，若进排气口温度温差较大（进气口（粗管）温度低，排气口（细管）温度高），且压力表高、低压指示均在正常范围（高压1 500～2 000 kPa，低压150 kPa左右），则说明空调系统正常。

b. 若检查进排气口温差较小且压力表高低压值相差不大，则说明压缩机工作不良。

c. 若检查压缩机表面温度较热，压力表高压指示过低，低压指示过高，则说明压缩机内部密封不良，应更换压缩机。

d. 如果检查压缩机进、排气口温度温差不大且接近环境温度，压力表高低压指示都较低，说明系统内部的制冷剂过少，应对系统进行检漏；如果是压缩机出现泄漏，则应更换或修理。

e. 除此之外，检查压缩机时还应注意压缩机是否存在异响。正常运转时，压缩机会发出清脆均匀的阀片跳动声。

（2）热交换器

热交换器是蒸发箱及冷凝器的总称，都是用来与外界空气进行热交换的装置。

1）冷凝器

冷凝器的作用是将压缩机送来的高温、高压的气态制冷剂转变为液态制冷剂，制冷剂在冷凝器中散热而发生状态的改变。因此,冷凝器是一个热交换器,将制冷剂在车内吸收的热量通过冷凝器散发到大气当中。

小型汽车的冷凝器通常安装在汽车的前面(一般安装在散热器前),通过风扇进行冷却(冷凝器风扇一般与散热器风扇共用,也有车型采用专用的冷凝器风扇)。

冷凝器的结构如图 2.19 所示。它主要由管路和散热片组成,有一个制冷剂的进口和一个出口。高温气态的制冷剂流过冷凝器盘管时,通过盘管及盘管中间的散热片向外散发热量,热量被流经散热片的空气带走。

2)蒸发箱

蒸发器也是一个热交换器,其结构与冷凝器类似,但作用恰恰与冷凝器相反。膨胀阀喷出的雾状制冷剂在蒸发器中蒸发,吸收通过蒸发器空气中的热量,使其降温,达到制冷的目的。在降温的同时,溶解在空气中的水分也会由于温度降低凝结出来,蒸发器还要将凝结的水分排出车外。蒸发器安装在驾驶室仪表台的后面。其结构如图 2.20 所示。它主要由管路和散热片组成,在蒸发器的下方还有接水盘和排水管。

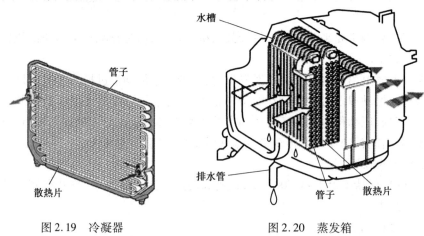

图 2.19　冷凝器　　　　　　　图 2.20　蒸发箱

空调制冷系统工作时,鼓风机的风扇将空气吹过蒸发器,空气和蒸发器内的制冷剂进行热交换,制冷剂气化,空气降温,同时空气中的水分凝结在蒸发器的散热片上,并通过接水盘和排水管排出车外。

3)热交换器常见故障及检修

①热交换器常见故障

A.外堵

外堵即外部堵塞。冷凝器外部堵塞的主要原因有泥污、柳絮和树叶等。除此之外,冷凝器散热片变形也会导致其散热不良。蒸发箱外部堵塞的主要原因多是由空调滤芯破损和蒸发箱叶片变形所致。另外,蒸发箱表面温度过低使其结霜也是导致其外部堵塞的原因之一。

热交换器内堵的概率很小,一般多为安装不当导致管路弯折所致。

B.泄漏

热交换器泄漏也是常见故障之一,尤其是其管路接口部位可能由于密封圈老化而导致泄漏。其本身损坏多是由于管路破裂所致,但是相对而言,冷凝器泄漏较为常见。蒸发箱由于安装在驾驶室内,一般除零配件质量问题及由于安装不当造成的人为损坏外,一般不会产生泄漏。

②热交换器的检修

A.检查项目

a.泄漏检查。在对热交换器进行泄漏检查时,主要检查其连接管路接口处是否泄漏,有无破损。

b.外观检查。检查外观是否清洁,散热片是否变形等。

c.温度检查。检查冷凝器进出口温差是否过大(一般为30 ℃左右),若进出口温差过大(出口温度较低),可能是由于其内部堵塞导致。对于蒸发箱的温度检查,主要检查其表面温度是否接近或低于0 ℃。当温度低于0 ℃时其表面会结霜,从而对流经其表面的空气产生堵塞。

检查其温度时,还应通过系统压力检查进行综合判断。例如,冷凝器内部堵塞时,进出口温差较大,且由于高压检测口在其后方,而导致高压压力指示较低。

B.检修

a.如果仅是外表有积污,杂物塞在冷凝器散热片中,应用水清洗或压缩空气吹洗,注意不要损伤散热片,如果发现散热片倒伏,应加以矫正。

b.如果冷凝器内部脏堵,应用压缩氮气进行吹洗,注意不能用水冲洗。

c.用压缩空气清洁蒸发箱表面积污。

d.如果冷凝器本身损坏而泄漏,应焊补或更换。

1.安装与拆卸顺序相反,注意进出口切勿接错。如果冷凝器有冷冻油漏出,应补充一定量的冷冻油。

2.更换新的蒸发箱时,必须补加一定量的冷冻油。

(3)节流装置

节流装置是汽车空调制冷装置的主要部件。其功用是把来自储液干燥器的高压液态制冷剂节流减压,调节和控制进入蒸发器中的液态制冷剂量,使之适应制冷负荷的变化,同时可防止压缩机发生液击现象和蒸发器出口蒸汽异常过热。

节流装置有膨胀阀式和节流管式的两种类型。

1)膨胀阀的作用

膨胀阀是空调制冷系统中最主要的元件之一。它安装在蒸发器的入口处,如图2.21所示。

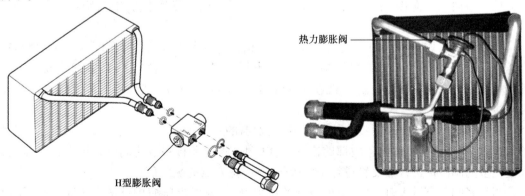

图2.21　膨胀阀安装位置

膨胀阀是系统高压与低压的分界点,在制冷系统中,它主要起到以下作用:

①节流降压

使从冷凝器出来并经过干燥储液罐的中温、高压液态制冷剂,经过膨胀阀节流后,变为低温低压雾状制冷剂进入蒸发箱。

②调节控制制冷剂流量

由于制冷剂在工作过程中制冷负荷一直在发生变化,为了保证车内温度稳定,制冷剂工作正常,膨胀阀自动调节进入蒸发箱的制冷剂流量,使制冷剂流量满足制冷剂循环的要求。

2)膨胀阀的类型及工作原理

根据膨胀阀的结构不同,膨胀阀可分为热力膨胀阀和 H 型膨胀阀两种。热力膨胀阀又分为外平衡式热力膨胀阀、内平衡式热力膨胀阀。如图 2.22(a)所示为 H 型膨胀阀,如图 2.22(b)所示为外平衡式热力膨胀阀。

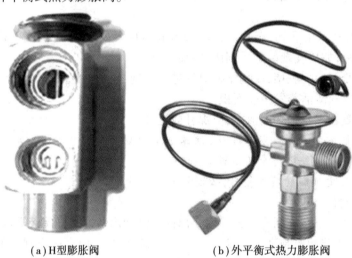

(a)H 型膨胀阀　　　　　　　　(b)外平衡式热力膨胀阀

图 2.22　膨胀阀

①热力膨胀阀

外平衡式膨胀阀的结构如图 2.23 所示。它主要由感温包、压力弹簧、膜片、阀门、毛细管路及外平衡管路等组成。

感温包内充有饱和气体(氟利昂工质),并通过毛细管与膜片上方相连,膜片下方通过外平衡管与蒸发箱出口相连。

压缩机不工作时,膜片上下压力相等,在节流阀弹簧作用力下,节流阀处于关闭状态。当压缩机开始工作时,蒸发箱内部与蒸发箱后方压力降低,使得膜片下移,并通过膜片下方的推杆,使节流阀打开,高压制冷剂通过节流阀流入蒸发箱进口,然后进入蒸发箱完成蒸发吸热过程。

当流入蒸发箱的制冷剂吸收热量较多(蒸发器的热负荷较大)时,感温包通过感知蒸发器出口温度,从而使得感温包内部的饱和气体膨胀,膜片下移将节流阀打开更大一个角度,以使更多的制冷剂进入蒸发箱进行蒸发吸热,减小蒸发器的热负荷。

当膨胀阀开启过大时,蒸发箱出口处的压力升高,或者当压缩机排量变小时,蒸发箱出口压力增大。膜片下方的压力通过外平衡管感知蒸发箱出口压力升高时,膜片上移使得膨胀阀开口关小;此外,当蒸发器温度过低,制冷剂在蒸发器中吸收热量较少时,感温包温度降

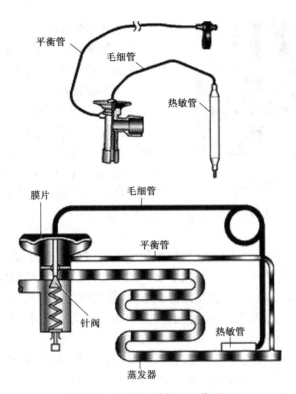

图 2.23 膨胀阀结构及工作原理

低,使得膜片上方压力降低,膜片上移。关小膨胀阀开口,以减少蒸发器内部制冷剂流量。

②内平衡式膨胀阀

内平衡式膨胀阀的结构与外平衡式膨胀阀的结构大同小异,如图 2.24 所示。内平衡式膨胀阀与外平衡式膨胀阀的区别在于内平衡式膨胀阀没有平衡管,膜片下方的气体压力直接来自于蒸发器的入口。内平衡式膨胀阀的工作过程与外平衡式膨胀阀的工作过程完全相同。

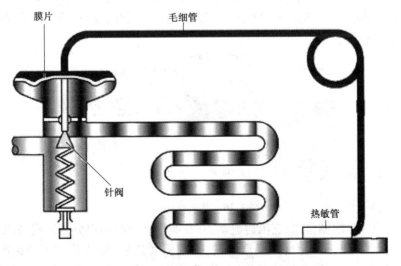

图 2.24 内平衡式膨胀阀

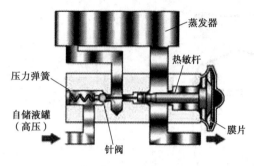

压力弹簧

自储液罐
（高压）

针阀

蒸发器

热敏杆

膜片

图 2.25　H 型膨胀阀

③H 型膨胀阀

H 型膨胀阀因其内部通路形同 H 而得名。其内部结构如图 2.25 所示。

H 型膨胀阀中也有一个膜片,膜片的左方有一个热敏杆,热敏杆的周围是蒸发器出口处的制冷剂,制冷剂的温度的变化(制冷负荷变化)可通过热敏杆使膜片右方的气体的压力发生变化,从而使阀门的开度变化,调节制冷剂的流量以适应制冷负荷的变化。H 型膨胀阀具有结构简单、工作可靠的特点,现在汽车应用越来越广。

A.温度控制

在蒸发箱内部蒸发后的制冷剂,流经膨胀阀上端的回气通道,其温度影响感温膜盒上部的饱和气体,饱和气体受热胀冷缩影响向下顶动锥形阀,使节流口的球阀上下移动从而改变节流口开启大小。当温度较高时,膨胀液体积增大,从而带动锥形阀向下移动,增大节流口,增加流向蒸发箱的制冷剂;反之,关小节流口,减少流向蒸发箱的制冷剂。

B.压力控制

由于膨胀阀上部的回气通道与压缩机进气口相连,因此当蒸发箱内部负压较大(压力较低)时,回气通道内部的吸力使得感温膜盒向下移动,从而顶动中间通路的锥形阀向下移动,并顶开节流口的球阀,节流口增大,更多的制冷剂流入蒸发箱,从而使得蒸发箱内部及回气通道内部的压力增大,保证足够的制冷剂进入蒸发箱以吸收更多的热量;反之,当蒸发箱及回气通道的压力上升到某个值时,锥形阀上移,节流口球阀在弹簧力作用下关小节流口,减少流进蒸发箱内部的制冷剂。

3)节流管

节流管的作用与膨胀阀的作用基本相同,只是将调节制冷剂流量的功能取消了。其结构如图 2.26 所示。节流管的节流孔径是固定的,入口和出口都有滤网。由于节流管没有运动部件,具有结构简单、成本低、可靠性高、节能的优点。因此,美、日等国有许多高级轿车采用膨胀管式制冷循环。

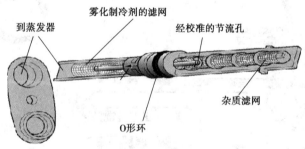

到蒸发器

雾化制冷剂的滤网

经校准的节流孔

杂质滤网

O形环

图 2.26　节流管的组成

节流管产生一个限制作用,它阻碍流动,并在制冷剂回路两边分别形成高压和低压。在节流管之前,高压状态下的制冷剂是温暖的;在节流管之后,低压状态下的制冷剂是冷的。在节流管之前,有一个滤网来过滤脏物;在节流管之后,有一个滤网是制冷剂达到蒸发器之前先雾化。

1. 节流管安装时箭头指向蒸发器,如果装反,会造成制冷效果极差。

　　2. 节流管的 O 形环损坏,会导致流量加大,检测时会发现低压很高。

4)膨胀阀的检修

①膨胀阀常见故障及现象

a. 膨胀阀开度过大,制冷系统中高低压压力均高。低压侧管路有结霜或大量露水。

b. 膨胀阀开度过小,制冷系统中高压侧压力高,低压侧压力低,制冷不足。

c. 膨胀阀入口阻塞,膨胀阀有结霜现象,且制冷不足。

d. 膨胀阀的针阀(球阀)与阀体产生粘住、发卡或阀口脏堵,空调系统时好时坏,伴有膨胀阀结霜现象,高、低压压力值不规则跳动。

e. 膨胀阀冰堵,空调制冷系统有规律的时好时坏,高、低压压力有规则跳动。

f. 感温包、毛细管破裂、失效,制冷系统高、低压都高,且低压侧管路有结霜或大量露水。

g. 感温包位置安装不当,固定不牢固或保温层损坏。安装位置太靠前(靠近蒸发箱出口)或保温层损坏,则高压高,低压低,制冷不足,若是安装位置太靠后(靠近压缩机端)或感温包与低压管接触不良,则系统中的高低压均高,低压侧管路结霜。

②膨胀阀的检修

a. 检修过程中,如果是膨胀阀调整不当故障,可调整膨胀阀底部的调节螺栓,以调节膨胀阀弹簧的预紧度。注意:调整时,需要专用工具盒原厂维修数据,如果没有数据不可乱调,应更换膨胀阀。

b. 如果是膨胀阀入口阻塞故障,可拆出膨胀阀进行清洗,烘干后装回系统中,或者更换膨胀阀。

c. 如果是膨胀阀、针阀或球阀与阀体粘住、发卡或阀口脏堵故障,可拆下来用制冷剂清洗后加冷冻机油,也可更换膨胀阀。

d. 如果是膨胀阀冰堵故障,先排空制冷系统,然后抽真空,重新加注制冷剂,或者更换储液干燥罐。

e. 如果是感温包或毛细管破裂、失效故障,应更换新的膨胀阀。

f. 如果是感温包安装位置不当或保温层破损故障,应重新安装固定感温包,并包好保温层。

(4)储液干燥装置

储液干燥装置有储液干燥罐和集液器两种。储液干燥罐用于膨胀阀式的制冷循环,集液器用于节流管式的制冷系统,安装在蒸发器出口处的管路中。

1)储液干燥罐的作用

①储存制冷剂

由于每个制冷循环的条件不同,如蒸发箱热负荷不同、压缩机转速不同,每次循环至高压管路的制冷剂量也不同。为了补偿这种波动,储液干燥器就起到了临时储存制冷剂的作用。

②去除水分

储液干燥罐中的干燥剂能去除制冷剂中的水分,防止其随制冷剂在系统中循环,从而造成膨胀阀冰堵的现象。

③过滤杂质

储液干燥器中的干燥剂和底部的过滤网能够过滤掉制冷系统中压缩机产生的磨屑以及安装过程中混入的杂质。

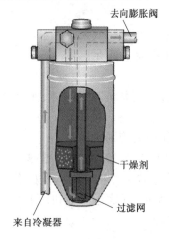

图 2.27　储液干燥罐的结构

除此之外，由于储液干燥罐的设计特点，其还能防止气态制冷剂流入膨胀阀，影响膨胀阀的雾化作用。

2）储液干燥罐的结构

储液干燥罐主要有过滤器，干燥剂，进、出口，以及吸出管组成，其结构如图 2.27 所示。由冷凝器出来的液态制冷剂流入储液器，在储液器中收集后流过干燥器，再通过立管流向膨胀阀，这样制冷剂内没有任何气泡，并持续不断地流向膨胀阀。

3）集液器

集液器用于节流管式空调系统，安装在蒸发器出口与压缩机进口之间（低压侧）。由于膨胀管无法调节制冷剂的流量，因此蒸发器出来的制冷剂不一定全部是气体，可能有部分液体。为防止压缩机损坏，故在蒸发器出口处安装集液器，一方面将制冷剂进行气液分离；另一方面起到与储液干燥器相同的作用。其结构如图 2.28 所示。

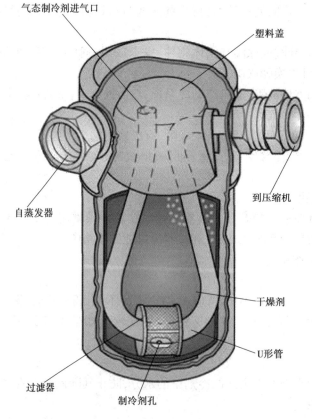

图 2.28　集液器

从蒸发器流出的制冷剂进入集液器,如果当中含有水分,会通过干燥器滤掉。气态制冷剂被收集在塑料盖的顶部,再通过 U 形管进入压缩机,以确保制冷剂吸入的全部为气态制冷剂。液态制冷剂和一部分冷冻机油被收集在集液器的底部,通过下面的节流孔以蒸汽形式进入压缩机。外面的滤网可以滤除制冷剂中的杂质。

4)储液干燥罐的检修

储液干燥罐常见的故障时泄漏、脏堵和失效。

①储液干燥罐的检查

a.用检漏仪检查储液干燥罐的接头处是否泄漏。

b.检查储液干燥罐的外表及观察窗上是否清洁。

c.用手或电子温度计检查干燥罐进出口温度,如果进出口温度温差很大,甚至出口处或干燥罐底部出现结霜现象,说明储液干燥罐堵塞,应更换。

d.检查膨胀阀,如果膨胀阀出现冰堵现象,说明制冷系统中有水分,干燥剂饱和失效,应更换干燥罐。

②储液干燥罐的维修

如果储液干燥罐的两端接口出现泄漏,则应紧固其接头或更换密封圈,无须拆下储液干燥罐;如果是其他故障,则应更换储液干燥罐。

　　1.储液干燥罐安装时,必须垂直安装于系统中,以防止气态制冷剂从其底部进入,保证流向膨胀阀的制冷剂为液态制冷剂,并且使冷冻油随液态制冷剂从储液干燥罐的出口一起经过膨胀阀和蒸发箱循环回压缩机。

　　2.在安装维修过程中,储液干燥罐应该是最后一个安装的元件,并且安装完毕后马上抽真空,防止空气中的水分随空气进入干燥罐。

③观察窗检查

部分干燥罐顶部有制冷剂观察窗,也称视液镜,用于观察系统中制冷剂流动情况及干燥罐是否损坏,通过观察窗中制冷剂的流动情况,能够更直观地对制冷系统的故障进行诊断和排除。观察窗如图 2.29 所示。

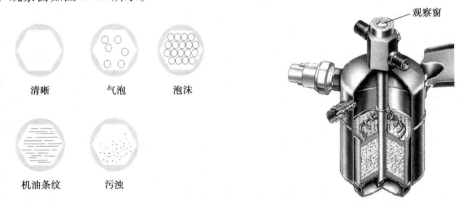

图 2.29　观察窗及制冷剂流动情况

制冷系统存在的故障不同,制冷剂的流动情况也不相同。

a.清晰、无气泡,说明制冷剂适量。或者是制冷剂过多或漏光,可用交替开关空调压缩机的方法检验:若开、关压缩机的瞬间制冷剂起泡沫,接着就变澄清,说明制冷剂适量;如果开、关空调压缩机从观察窗内看不到动静,而且出风口不冷,压缩机进出口之间没有温差,说明制冷剂漏光;若出风口不够冷,而且关闭空调压缩机后无气泡、无流动,说明制冷剂过多。

b.偶尔出现气泡,并且时而伴有膨胀阀结霜,说明系统中有水分;若无膨胀阀结霜现象,可能是制冷剂略微缺少或系统中有空气。

c.有气泡,且气泡不断流过,说明制冷剂不足。如果泡沫很多,可能有空气。若通过压力表测试判断为制冷剂不足,则需查明原因,不要随便补充制冷剂。由于胶管一年可能有100～200 g的制冷剂自然泄漏,若是使用两年以后方出现制冷剂不足,可判断为胶管自然泄漏。

d.有长串机油条纹,观察窗上有条纹状的油渍,说明冷冻机油加注过多。应排除多余冷冻油,再补充适量制冷剂。若观察窗上留下的油渍为黑色或有其他杂物,则说明冷冻油变质、污浊,必须清理制冷系统。

e.若观察窗呈雾状,看不清内部制冷剂流动情况,则说明干燥罐中干燥剂脱落,应更换干燥罐。

操作活动

制冷系统零部件检修

📖 **实施要求**

☞ 任务目标与要求

● 小组成员分工协作,利用提供实训车辆,依据工作任务分析制订工作计划,并通过小组自评或互评检查工作计划。

● 按计划对空调系统的各个零部件进行检修;根据实施过程及结果填写项目表单。

☞ 注意事项

● 在任务实施过程中,严格遵守相关实验实训制度和规范的要求,注意职场健康与安全要求,做好废料的处理,并保持工作场所的整洁。

📖 **实施步骤**

(1)决策

学生分组,明确各组的负责人;确定任务和每个人的工作职责,根据分工填写下表。

序　号	小组任务	个人职责(任务)	负责人

(2)计划

组长带领组内成员,查阅相关手册或指导书,制订任务计划,并检查计划有效性。

工作任务			
序号	工作步骤	工具/辅具	注意事项
1			
2			
3			
4			
5			
6			
7			
8			
⋮			

（3）实施

①实践准备。

场地准备	工量具准备	资料准备
6 人用实习场地 1 块，对应数量的课桌椅，黑板 1 块，实践车辆等	常用工具套件，车辆防护套件，氟表、温度计等	相关车辆维修保养手册及使用手册

②对压缩机进行检修，并将实践工作步骤填入下表。

操作项目			
压缩机型号		所用车型	
实施过程			
检查数据记录			
检查项目		检查结果	检查项目	检查结果

温度	压缩机温度		压力	高压侧	
	进气口温度			低压侧	
	排气口温度			有无异响	

③对冷凝器和蒸发箱进行检修,并将实践工作步骤填入下表。

操作项目			
所用车型			
实施过程			
检查数据记录			
检查项目	检查结果	检查项目	检查结果
冷凝器 进出口温差		外观	
冷凝器 有无泄漏		散热片是否变形	
蒸发箱有无泄漏		出风口温度及风量	
高压压力		低压压力	

④对膨胀阀进行检修,参考制冷系统压力,对膨胀阀进行分析,并将实践工作步骤填入下表。

操作项目			
所用车型		膨胀阀类型	
实施过程			
检查数据记录			
检查项目	检查结果	检查项目	检查结果
有无泄漏		低压侧压力	
有无结霜		高压侧压力	
蒸发箱表面温度			
检查结果分析			

⑤对储液干燥罐进行检修,并检查制冷剂流动情况,并将实践工作步骤填入下表。

操作项目			
所用车型			
实施过程			
检查数据记录			
检查项目	检查结果	检查项目	检查结果
有无泄漏		进口温度	
有无结霜		出口温度	
是否清洁		制冷剂流动情况	

📖 **评估总结**

- 回答指导教师提问,并接受指导教师的相关考核。
- 对本次任务完成过程及效果进行自我评价和小组互评。
- 清洁工作场所,清点、归还相关工具设备,完成本次任务。

序号	评估项目	自评	互评	教师评估
1	能正确完成压缩机的检修			
2	能正确完成冷凝器的检修			
3	能正确完成蒸发箱的检修			
4	能正确完成膨胀阀的检修			
5	能正确完成储液干燥罐的检修			
6	职场安全及操作规范等			
7	"5S"现场管理			
本任务实施心得:				
总体评价		教师签名		

任务 2.2 空调控制系统检修

目标
- 能选用正确工具对空调控制系统进行检测。
- 能根据检测结果对空调控制系统进行故障诊断。
- 能查阅维修手册对空调控制系统进行拆装。

内容
- 对空调控制系统进行检测、拆装。
- 根据检测结果分析故障原因,并排除。

关联知识

活动1 压缩机控制电路检查

空调控制系统的功能是保证空调制冷系统正常运转,同时也要保证空调系统工作时发动机的正常运转。空调控制系统主要是通过控制压缩机电磁离合器的结合与分离实现温度控制与系统保护,通过对鼓风机的转速控制调节制冷负荷。

(1)压缩机电磁离合器电路组成

在空调控制电路中,空调压缩机电磁离合器主要受 A/C 开关、压力开关、除霜开关及鼓风机开关等一系列开关控制,如图 2.30 所示。

图 2.30 压缩机电路控制元件

(2)空调控制系统元件作用

1)电磁离合器

电磁离合器安装在压缩机上,其主要作用是:接通和断开压缩机皮带轮与压缩机之间的动力传递,当需要打开空调且条件满足时,电磁离合器通电结合,使压缩机皮带轮与压缩机输入轴结合,压缩机便开始运转工作。

电磁离合器的结构如图 2.31 所示。它主要包括压力板、皮带轮和定子线圈等主要部件,压力板与压缩机轴相连,皮带轮通过轴承安装在压缩机的壳体上,皮带轮通过皮带由发动机驱动,定子线圈也安装在压缩机的壳体上。

当接通空调开关使空调制冷系统进入工作状态时,电磁离合器的定子线圈通电,线圈通电后产生磁力,将压力板吸向皮带轮,使两者结合在一起,发动机的动力便通过皮带轮传递到压力板,带动压缩机运转,如图 2.32 所示。

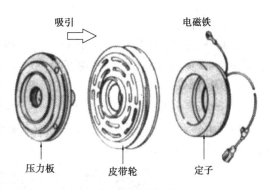

图 2.31 电磁离合器结构

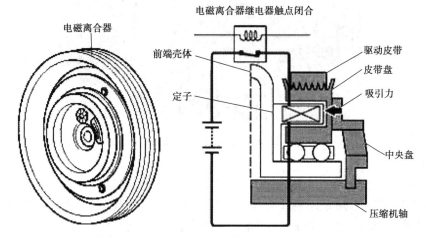

图 2.32 电磁离合器的结合状态

当空调制冷系统停止工作时,电磁离合器的定子线圈断电,磁力消失,压力板与皮带轮分离,此时皮带轮通过轴承在压缩机的壳体上空转,压缩机停止运转,如图 2.33 所示。

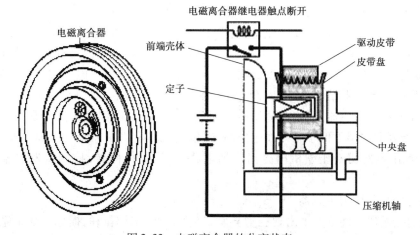

图 2.33 电磁离合器的分离状态

2）空调开关

空调开关又称为 A/C 开关，串联在空调压缩机控制电路中，驾驶员通过打开和关闭A/C空调开关，人为地接通和切断压缩机电路。

3）鼓风机开关

鼓风机开关的主要作用是控制鼓风机转速，即驾驶室空调系统出风口风量控制。在大多数轿车上，鼓风机开关同时串联在空调压缩机控制电路中，并串联在空调开关前方。鼓风机开关及 A/C 开关如图 2.34 所示。

图 2.34　空调及鼓风机开关

4）外界温度开关

外界温度开关安装在流水槽内，雨刷电机附近。它的主要作用是检测外界环境温度，串联于空调开关电路中，用来控制开关电路。当外界环境温度低于 5 ℃时，开关断开。此时，即便是打开鼓风机开关和空调开关，压缩机电磁离合器也不会结合，即压缩机不工作。

5）蒸发器的温度开关与温度传感器

蒸发器温度控制的目的是防止蒸发器结霜。如果蒸发器的温度低于 0 ℃，凝结在蒸发器表面的水分就会结霜或结冰，严重时将会堵塞蒸发器的空气通路，导致系统制冷效果大大降低，为了避免这种情况的发生，蒸发器的温度就必须控制在 0 ℃以上。

蒸发器的温度控制电路有以下两种形式：

①用温度开关（恒温器）直接控制压缩机电磁离合器，蒸发器温度开关安装在蒸发器的中央，当蒸发器表面温度低于某一设定值时，温度开关切断压缩机电磁离合器电路，使压缩机停止工作防止蒸发器结冰，如图 2.35 所示。

②蒸发器温度传感器，安装在蒸发器的翅片中间。蒸发器温度传感器是采用的热敏电阻，当蒸发器表面的温度低于某一设定值时，热敏电阻的阻值变化给空调 ECU 低温信号，空调 ECU 控制继电器切断压缩机电磁离合器电路，使压缩机停转，控制蒸发器温度不低于 0 ℃。

6）压力开关与压力传感器

空调制冷循环系统中如果出现压力异常，将会造成系统不减的损坏。如果系统压力过低，说明制冷剂量过少，这种情况将造成润滑油不能随制冷剂一起循环，使压缩机缺油而损坏。如果由于制冷剂量大或冷凝器冷却不良造成系统压力过高，有可能造成系统部件损坏。

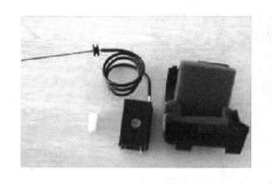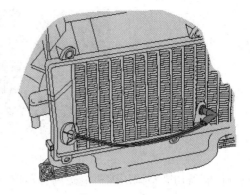

图 2.35 蒸发器温度开关和温度传感器

因此,在空调制冷系统工作时,必须对系统压力进行监测,防止出现上述两种情况。

常采用的方法是在系统的高压管路中安装压力开关,压力开关有低压开关和高压开关之分,低压开关安装在制冷循环系统中的高压管路中,用于监测制冷循环系统中高压管路压力是否过低。如果压力低于规定值,低压开关将切断压缩机的电路使压缩机停止工作。高压开关也安装在高压管路中,监测高压管路中压力是否过高。如果压力过高,有两种处理方法:一种是加强对冷凝器的冷却强度,使压力降低;另一种是切断电磁离合器的电路,使压缩机停止运转,如图 2.36 所示。通常加强冷却强度控制的压力要低于切断离合器控制电路的压力。目前,空调系统中的压力开关通常都是将低压开关和高压开关制成一体,称为组合压力开关或多功能压力开关。多数组合压力开关可实现低压切断离合器控制电路、高压接通冷凝器风扇高速挡或切断离合器控制电路的双重功能,还有部分压力开关将上述 3 种功能集于一身,形成三功能压力开关。通常低压切断离合器电路的压力约为 0.2 MPa,高压接通冷凝器风扇高速挡的压力约为 1.6 MPa,高压切断电磁离合器的压力约为 3.2 MPa。

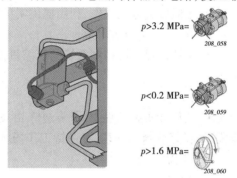

图 2.36 压力开关的功能

压力传感器安装在高压侧,取代三功能开关。它记录制冷剂压力并转化成电信号,不仅仅在临界压力下起作用,适应性更强,风扇换挡更平顺。

传感器的感应部件是硅晶体,由于压力的不同,硅晶体的变形也或多或少,这导致了电阻的不同,因此通过微处理器传出的信号脉宽也不同,通过脉宽可以判断出系统的压力大小,同时可知道空调系统的负荷的大小。压力传感器如图 2.37 所示。传感器先将空调系统压力信号传递给发动机控制单元,再由发动机控制单元通过控制空调控制器接通和断开电磁离合器线路。

7)空调控制器

空调控制单元的主要作用是控制压缩机电磁离合器的电路,当空调系统正常,空调开关接通压缩机控制电路时,空调控制器接受到来自空调压缩机控制电路信号,从而通过继电器接通电磁离合器电路,使空调压缩机电磁离合器结合,空调控制系统开始运转。当发动机水温过高或发动机负荷突然变大时,发动机电控单元发出切断空调压缩机系统的控制指令时,

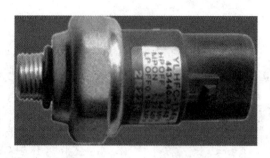

图 2.37　压力传感器

空调控制器切断空调压缩机电磁离合器控制电路,空调系统退出工作。

操作活动

压缩机控制电路检查

📖 **实施要求**

☞ 任务目标与要求

● 小组成员分工协作,利用提供实训车辆,依据工作任务分析制订工作计划,并通过小组自评或互评检查工作计划。

● 按计划对空调控制系统的压缩机控制电路进行检修;根据实施过程及结果填写项目表单。

☞ 注意事项

● 在任务实施过程中,严格遵守相关实验实训制度和规范的要求,注意职场健康与安全需求,做好废料的处理,并保持工作场所的整洁。

📖 **实施步骤**

(1)决策

学生分组,明确各组的负责人;确定任务和每个人的工作职责,根据分工填写下表。

序　号	小组任务	个人职责(任务)	负责人

(2)计划

组长带领组内成员,查阅相关维修手册或指导书及电路图,制订任务计划,并检查计划有效性。

工作任务			
序号	工作步骤	工具/辅具	注意事项
1			
2			
3			
4			
5			
6			
7			
8			
⋮			

(3) 实施

①实践准备。

场地准备	工量具准备	资料准备
6 人用实习场地 1 块,对应数量的课桌椅,黑板 1 块,实践车辆等	常用工具套件,车辆防护套件,万用表,解码仪等	相关车辆维修保养手册及电路图

②查阅相关电路图,绘制空调控制系统压缩机控制电路。

③查阅维修手册,对压缩机控制电路进行检修,并将实践工作步骤填入下表。

操作项目				
所用车型				
实施过程				
检查数据记录				

开关及类型		检查结果及原因分析		
		检查结果	原因分析	
手动开关	空调开关			
	鼓风机开关			
自动控制开关	开关	检查条件	检查结果	采取措施
	外界温度开关			
电磁离合器		阻值:	检测结果:	

📖 **评估总结**

- 回答指导教师提问,并接受指导教师的相关考核。
- 对本次任务完成过程及效果进行自我评价和小组互评。
- 清洁工作场所,清点、归还相关工具设备,完成本次任务。

序号	评估项目	自评	互评	教师评估
1	能正确绘制压缩机控制电路			
2	能正确完成压缩机控制电路的检查			
3	职场安全及操作规范等			
4	"5S"现场管理			
本任务实施心得:				
总体评价			教师签名	

活动2 鼓风机控制电路检查

(1)鼓风机控制电路的作用

鼓风机的主要作用是将驾驶室内或驾驶室外的空气引入空调通风系统中。鼓风机安装在通风系统内部,受鼓风机开关控制,并且为了能够实现出风口风速和出风量的调节,在鼓风机电路中还安装有鼓风机电阻,以实现鼓风机不同转速的调节。

(2)鼓风机控制电路的组成

鼓风机控制电路组成如图2.38所示。它主要由鼓风机开关、鼓风机电阻和鼓风机组成。

1)鼓风机开关

鼓风机开关安装在驾驶室中央控制台。它的主要作用是控制鼓风机及空调开关。一般鼓风机开关都设有4个挡位,挡位越高,鼓风机的转速越大,出风口的风速也就越大。但也有的鼓风机开关无明显挡位,采用滑动电阻的形式控制鼓风机转速。

2)鼓风机电阻

鼓风机电阻的主要作用是串联在鼓风机控制电路中控制鼓风机的转速大小。鼓风机电阻一般安装在鼓风机附近(图2.39),也有的鼓风机电阻与鼓风机开关集成在一起,安装在鼓风机控制面板后方。

图2.38 鼓风机控制电路元件

图2.39 鼓风机电阻

操作活动

鼓风机控制电路检查

📖 **实施要求**

☞ 任务目标与要求

● 小组成员分工协作,利用提供实训车辆,依据工作任务分析制订工作计划,并通过小组自评或互评检查工作计划。

● 按计划对空调控制系统的鼓风机控制电路进行检修;根据实施过程及结果填写项目表单。

☞ 注意事项

● 在任务实施过程中,严格遵守相关实验实训制度和规范的要求,注意职场健康与安全需求,做好废料的处理,并保持工作场所的整洁。

📖 实施步骤

(1)决策

学生分组,明确各组的负责人;确定任务和每个人的工作职责,根据分工填写下表。

序　号	小组任务	个人职责(任务)	负责人

(2)计划

组长带领组内成员,查阅相关维修手册或指导书及电路图,制订任务计划,并检查计划有效性。

工作任务			
序号	工作步骤	工具/辅具	注意事项
1			
2			
3			
4			
5			
6			
7			
8			
⋮			

(3)实施

①实践准备。

场地准备	工量具准备	资料准备
6人用实习场地1块,对应数量的课桌椅,黑板1块,实践车辆等	常用工具套件,车辆防护套件,万用表,解码仪等	相关车辆维修保养手册及电路图

②查阅相关电路图,绘制空调控制系统鼓风机控制电路。

③查阅维修手册,对鼓风机控制电路进行检修,并将实践工作步骤填入下表。

操作项目	
所用车型	
实施过程	

续表

检查数据记录			
检查项目	检查结果及原因分析		
	挡位	检查结果	原因分析
鼓风机开关	1挡		
	2挡		
	3挡		
	4挡		
	挡位	阻值	检查结果
鼓风机电阻	1挡		
	2挡		
	3挡		
	4挡		

📖 **评估总结**

● 回答指导教师提问,并接受指导教师的相关考核。

● 对本次任务完成过程及效果进行自我评价和小组互评。

● 清洁工作场所,清点、归还相关工具设备,完成本次任务。

序号	评估项目	自评	互评	教师评估
1	能正确绘制鼓风机控制电路			
2	能正确完成鼓风机控制电路的检查			
3	职场安全及操作规范等			
4	"5S"现场管理			
本任务实施心得:				
总体评价			教师签名	

关联知识

活动3 冷却风扇控制电路检修

(1)冷却风扇控制电路的作用

电子冷却风扇是发动机冷却系统的主要组成部分之一。其主要作用是给发动机冷却液进行降温。与此同时,电子冷却风扇还兼顾给空调系统冷凝器降温的作用。因此,电子冷却风扇除了受到发动机冷却液双温开关的控制之外,还受到空调控制器的控制。当冷却液温度较低时,风扇不工作,冷却液温度升高到某一规定值时,风扇以低速运转,如果温度进一步升高到另一个设定值时,风扇则以高速运转。当空调制冷系统开始工作时,不管冷却液温度高低,风扇都运转,如果制冷系统压力高过一定值时,风扇则以高速运转。

(2) 冷却风扇控制电路组成

冷却风扇控制电路组成元件如图 2.40 所示。

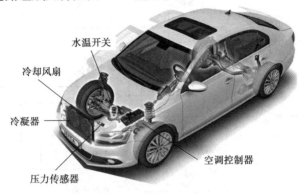

图 2.40 冷却风扇控制电路元件

1) 高压调整开关

高压调整开关为常开开关,安装在空调系统高压管路上,检测空调制冷系统高压侧的压力。当高压侧压力达到一定值时,开关闭合,接通通往空调控制器的电路,空调控制器接收到此电压信号时,即控制电子风扇高速运转,给空调制冷系统中的冷凝器及发动机散热水箱进行降温。通过对冷凝器降温达到缓解高压侧压力的目的,防止高压侧压力继续升高。由于高压调整开关起到对系统内部压力调节的作用,因此,被称为高压调整开关。

2) 空调控制器

空调控制器除了控制电磁离合器之外,还负责对电子风扇进行控制。当电磁离合器结合之后,空调控制单元便接通电子风扇低速运转;当制冷系统压力偏高时,空调控制器控制风扇开始高速运转。

(3) 风扇控制电路

风扇转速的控制有两种:一种是用一个电风扇串联电阻的方式调节风扇的转速;另一种是利用两个电风扇以串联和并联的方式调节风扇的转速。

如图 2.41 所示为一冷凝器和散热器风扇控制电路。它用压力开关、冷却液温度开关和3 个继电器控制冷凝器风扇和散热器风扇的转速。此电路可实现风扇不转、低速运转、高速运转 3 级控制。3 号继电器只在空调制冷系统工作时起作用,使冷凝器风扇以低速或高速运转。2 号继电器为双触点继电器,用来控制冷凝器风扇的转速。1 号继电器用于控制散热器风扇。压力开关在空调制冷系统压力高时断开,压力低时接通。冷却液温度开关在冷却液温度低时接通,温度高时断开。

不开空调时,3 号继电器不工作,冷凝器风扇也不工作。如果冷却液温度过高,冷却液温度开关断开,1 号继电器线圈断电,触点闭合,散热器风扇运转,加强散热。

打开空调,3 号继电器线圈通电,触点闭合。如果冷却液温度较低、空调系统内压力也较低,2 号继电器线圈也通电,使其下触点闭合,形成了冷凝器风扇和散热器风扇的串联电路,两个风扇都以低速运转。如果冷却水温升高或制冷系统内压力增大,压力开关或冷却液温度开关切断 2 号和 1 号继电器线圈电路,使 2 号继电器的上触点闭合,1 号继电器的触点

71

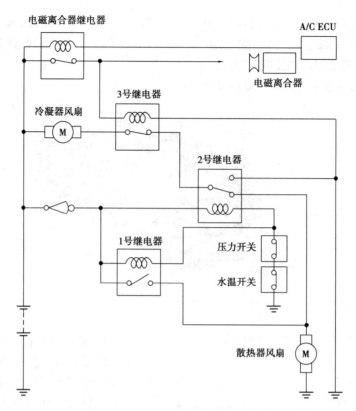

图 2.41　冷凝器和散热器风扇控制电路

接通,将冷凝器风扇和散热器风扇连接成并联电路,两个风扇都以高速运转。

操作活动

冷却风扇控制电路检查

📖 **实施要求**

☞ 任务目标与要求

• 小组成员分工协作,利用提供实训车辆,依据工作任务分析制订工作计划,并通过小组自评或互评检查工作计划。

• 按计划对空调控制系统的冷却风扇控制电路进行检修;根据实施过程及结果填写项目表单。

☞ 注意事项

• 在任务实施过程中,严格遵守相关实验实训制度和规范的要求,注意职场健康与安全需求,做好废料的处理,并保持工作场所的整洁。

📖 **实施步骤**

(1)决策

学生分组,明确各组的负责人;确定任务和每个人的工作职责,根据分工填写下表。

序　号	小组任务	个人职责(任务)	负责人

(2)计划

组长带领组内成员,查阅相关维修手册或指导书及电路图,制订任务计划,并检查计划有效性。

工作任务			
序号	工作步骤	工具/辅具	注意事项
1			
2			
3			
4			
5			
6			
7			
8			
⋮			

(3)实施

①实践准备。

场地准备	工量具准备	资料准备
6 人用实习场地 1 块,对应数量的课桌椅,黑板 1 块,实践车辆等	常用工具套件,车辆防护套件,万用表,解码仪等	相关车辆维修保养手册及电路图

②查阅相关电路图,绘制空调控制系统冷却风扇控制电路。

③查阅维修手册,对冷却风扇控制电路进行检修,并将实践工作步骤填入下表。

操作项目	
所用车型	
实施过程	

检查数据记录				
检查项目		检查结果及原因分析		
		检查条件	检查结果	原因分析
双温开关	低温开关	____℃		
		____℃		
	高温开关	____℃		
		____℃		

📖 **评估总结**

● 回答指导教师提问,并接受指导教师的相关考核。

- 对本次任务完成过程及效果进行自我评价和小组互评。
- 清洁工作场所,清点、归还相关工具设备,完成本次任务。

序号	评估项目	自　评	互　评	教师评估
1	能正确绘制风扇控制电路			
2	能正确完成风扇控制电路的检查			
3	职场安全及操作规范等			
4	"5S"现场管理			
本任务实施心得:				
总体评价			教师签名	

任务2.3　空调通风系统检修

目标
- 能够选用正确工具对空调通风系统进行检测。
- 能够根据检测结果对空调通风系统进行故障诊断。
- 能够查阅维修手册对空调通风系统进行拆装。

内容
- 对空调通风系统进行检测、拆装。
- 根据检测结果分析故障原因,并排除。

关联知识

(1)通风系统的作用

空调通风系统的主要作用是控制空气室内外循环,净化室内空气,对室内空气进行制冷或加热并根据要求将制冷(或加热)后的空气分配到各个出风口。除此之外,通风系统还具有风窗除霜的作用。通风系统可使车内的空气保持新鲜,提高车辆的舒适性。目前,汽车上的通风有两种基本的方式:一种是利用汽车行驶中产生的动压进行通风;另一种利用车上的鼓风机进行强制通风。

动压通风是利用汽车在行驶时在汽车的各个部位所产生的不同压力进行通风的,汽车在行驶时的压力分布如图2.42所示。在考虑通风时,只要将进风口设在正压区,排风口设在负压区即可。这种通风方式不需要另加动力,比较经济,但汽车在行驶速度较低时,通风的效果较差。

强制通风是利用鼓风机进行通风,在进风口安装一台鼓风机将车外的空气吸入车内,车内的空气从排风口排出。这种通风方式不受车速的限制,通风效果较好。目前,汽车通常都

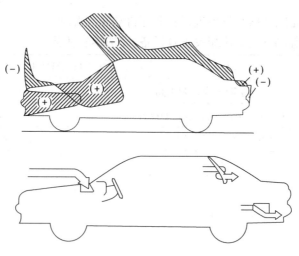

图 2.42　动压通风

是利用空调系统的鼓风机进行强制通风。

如果将上述两种通风方式结合起来,就形成了所谓综合通风方式。汽车在低速行驶时,采用强制通风;高速行驶时,采用动压通风。这样就保证了汽车在各种工况下都能保持良好的通风效果,同时也降低了能耗。目前,小型汽车上基本上都采用了综合通风的方式。

通风系统还起到空气净化的作用,空气净化系统可以除去车内空气中灰尘,保持车内空气清洁,部分车辆的空气净化系统还具备去除异味、杀灭细菌的作用,一些高级轿车上的空气净化系统还装备了负氧离子发生器,使车内的空气更加清新。目前,大多数车辆的空气净化系统所采用的方法是在空调系统的进气系统中安装空气滤清器,如图 2.43 所示。通过滤清器滤除空气中的尘埃,使车内的空气保持清洁。

有些车辆的空气净化系统在滤清器中加入活性炭,可吸收空气中的异味。还有些车辆在净化系统中设有香烟传感器。当传感器检测到车内存在烟气时,便通过放大器自动使鼓风机以高速挡运转,排出车内的烟气。

(2)空调通风系统的组成

空调通风系统的组成如图 2.44 所示。它主要由空调滤芯、鼓风机、蒸发箱、加热器芯(散热小水箱)及出风口分配管路总成等组成。

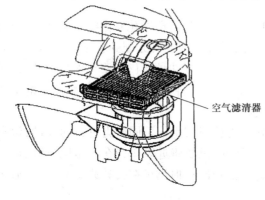

图 2.43　空气滤清器

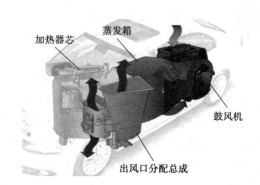

图 2.44　空调通风系统的组成

(3)通风系统的调节

空调的调节系统有手动调节和自动调节之分。现以手动调节说明空调通风系统调节装置的工作情况。

手动空调的调节包括温度调节、出风口位置调节、鼓风机风速调节及空气的内外循环调节等。调节是通过空调控制面板上的拨杆或旋钮进行的,空调的控制面板如图 2.45 所示。

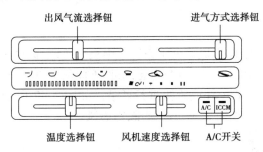

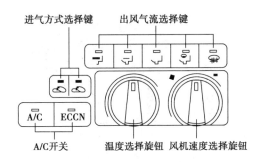

图 2.45　空调控制面板

空调控制面板上有温度调节、气流选择、鼓风机速度、空气进气选择(内外循环选择)、空调开关(A/C)及运行模式选择开关。其中,温度调节、气流选择、空气进气选择是通过气道中的调节风门实现的,如图 2.46 所示。空调开关和运行模式选择开关、鼓风机速度选择是通过电路控制实现。空调控制面板到调节风门的控制方式有拉线式和电动式。

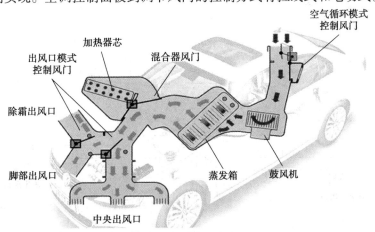

图 2.46　空调通风系统调节风门

1)温度调节

轿车的空调系统基本上都是冷气和暖风都采用一个鼓风机,温度调节采用冷暖风混合的方式。鼓风机将新鲜的室外空气(或室内空气)送入通风系统风道中,首先经过蒸发箱进行降温(空调制冷系统工作时),然后通过加热器芯位置,加热器芯并联在通风系统管路中,在加热器芯加热室旁有一个风门,称为混合风门。通过对混合风门来控制流过加热室的空气流量,通过加热器芯的空气和未通过加热器的空气混合后形成不同温度的空气从出风口吹出,从而实现对出风口温度的调节。在空调的控制面板上,设有温度调节拨杆或旋钮,用来改变调节风门的位置。

2)出风口调节

现代轿车空调通风系统的出风口分别设置了中央出风口、边出风口、脚下出风口及风挡玻璃除霜出风口等不同的出风口,可根据需要,选择不同的出风口出风。这种功能是通过控制面板上的出风口,选择调节拨杆或旋钮进行调节。如图 2.47 所示为面部出风位置,如图 2.48 所示为脚步出风位置,如图 2.49 所示为除霜通风。

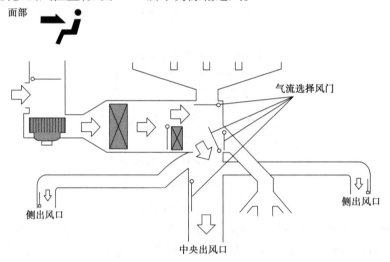

图 2.47　面部出风位置

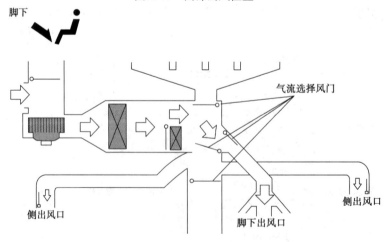

图 2.48　脚下出风位置

3)内外循环控制

内外循环控制可选择进入车内的空气是外部的新鲜空气还是车内的非新鲜空气。如果

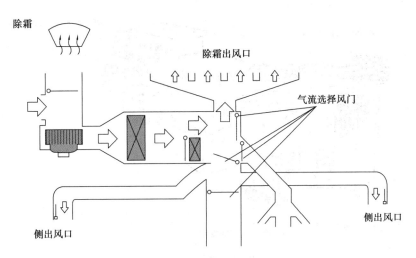

图 2.49　除霜位置

选择外部新鲜空气称为外循环,选择车内空气则称为内循环。这种选择可通过控制面板上的内外循环选择按钮或拨杆控制进气口处的调节风门实现。在通风系统鼓风机前方有两个进气口:一个通过空调滤芯与驾驶室外部相通,另一个则在驾驶室内部,与驾驶室相通。在这两个进气口中间,装有一个空气循环模式控制风门,通过对此风门的控制可以分别实现驾驶室空气的室内外循环控制,如图 2.50 所示。

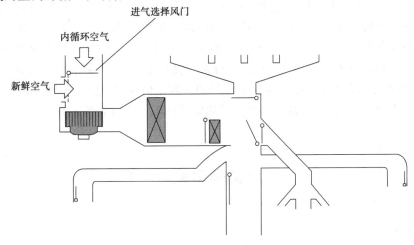

图 2.50　内外循环控制风门

当采用室内循环时,室内温度可尽快达到我们所设定或想要的温度,但长期采用室内循环模式,不利于室内空气的净化。因此,当需要对室内空气净化时,可采用室外循环的模式。

(4)控制系统执行元件

捷达轿车通风装置调节主要靠真空来实现。因此,在对通风系统进行控制时,需要真空源以及真空伺服马达,真空伺服马达安装位置如图 2.51 所示。

1)真空源

空调通风控制系统的真空源来自于发动机进气歧管。由于发动机进气歧管的真空随发动机转速及负荷大小变化不定。因此,在捷达轿车左前翼子板内安装有真空储存器,也称真空室。它的主要作用是储存真空。为了保证真空室内的真空度稳定(不随着进气歧管的真

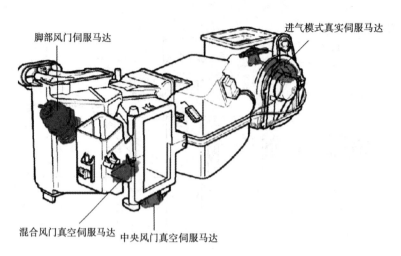

脚部风门伺服马达

进气模式真实伺服马达

混合风门真空伺服马达　中央风门真空伺服马达

图 2.51　真空伺服马达

空度变化而变化),因此,在进气歧管的取真空处装有一个单向阀,防止通风控制系统及真空室内的真空度随着进气歧管的真空度下降而下降。

2)真空伺服马达

真空伺服马达其实就是一个膜片泵。当控制面板的旋钮接通某个真空驱动器与真空室的管路连接时,真空伺服马达内部的膜片在真空吸力作用下移动,从而改变相应的控制风门的位置,从而引导通风系统中的空气的流动方向,以此实现空气温度及出风口位置的调节。

现代微型计算机自动空调的执行器已不再使用电磁真空阀和真空马达操纵各个风门,而是通过电脑控制各个部件上的伺服马达。即通过操纵面板向电脑输入各种指令,电脑再根据从各个传感器收集来的信号,通过计算、分析、比较,发出指令,控制伺服马达动作,打开所需的风门,按照输入的预设温度,控制温度门的位置。同时,伺服马达上的电位计还会将伺服马达的开启位置信号反馈给电脑,提高了伺服马达工作的可靠性。

 操作活动

空调通风系统检查

📖 **实施要求**

☞ 任务目标与要求

● 小组成员分工协作,利用提供实训车辆,依据工作任务分析制订工作计划,并通过小组自评或互评检查工作计划。

● 按计划对空调通风系统进行检修;根据实施过程及结果填写项目表单。

☞ 注意事项

● 在任务实施过程中,严格遵守相关实验实训制度和规范的要求,注意职场健康与安全需求,做好废料的处理,并保持工作场所的整洁。

📖 **实施步骤**

(1)决策

学生分组,明确各组的负责人;确定任务和每个人的工作职责,根据分工填写下表。

序　号	小组任务	个人职责(任务)	负责人

(2)计划

组长带领组内成员,查阅相关维修手册或指导书及电路图,制订任务计划,并检查计划有效性。

工作任务			
序号	工作步骤	工具/辅具	注意事项
1			
2			
3			
4			
5			
6			
7			
8			
⋮			

(3)实施

①实践准备。

场地准备	工量具准备	资料准备
6人用实习场地1块,对应数量的课桌椅,黑板1块,实践车辆等	常用工具套件,车辆防护套件,万用表,解码仪等	相关车辆维修保养手册及电路图

②查阅维修手册,对空调通风系统进行拆装检修,并将实践工作步骤填入下表。

操作项目			
所用车型			
实施过程			
检查数据记录			

检查项目	检查结果及原因分析		
	名　称	检查结果	原因分析
风门翻板	循环模式风门		
	混合风门		
	脚部/除霜风门		
	中央风门		
伺服电机	内外循环伺服马达(或电机)		
	混合风门伺服马达(或电机)		
	中央风门伺服马达(或电机)		
	脚部/除霜风门伺服马达(或电机)		

📖 **评估总结**

● 回答指导教师提问,并接受指导教师的相关考核。

● 对本次任务完成过程及效果进行自我评价和小组互评。

● 清洁工作场所,清点、归还相关工具设备,完成本次任务。

序号	评估项目	自评	互评	教师评估
1	能正确拆装通风系统			
2	能正确完成通风系统执行元件的检查			
3	职场安全及操作规范等			
4	"5S"现场管理			

续表

本任务实施心得:		
总体评价		教师签名	

习 题 2

一、选择题

1. 氟表上的 3 根软管分别为(　　　)。

　　A. 红色:高压管;蓝色:维护管;黄色:低压管

　　B. 红色:维护管;蓝色:高压管;黄色:低压管

　　C. 红色:高压管;蓝色:低压管;黄色:维护管

　　D. 红色:低压管;蓝色:高压管;黄色:维护管

2. 下列元件中不属于空调制冷系统的是(　　　)。

　　A. 冷凝器　　　　B. 蒸发箱　　　　C. 散热小水箱　　　　D. 空调压缩机

3. 空调系统常用的制冷剂为(　　　)。

　　A. R134a　　　　B. R134b　　　　C. R13　　　　D. R12

4. 空调系统中,储液干燥罐的主要作用是(　　　)。

　　A. 储存制冷剂

　　B. 去除制冷剂中的水分

　　C. 过滤循环管路中的气泡,保证流向膨胀阀的制冷剂为液态

　　D. 以上都是

5. 关于膨胀阀,说法正确的是(　　　)。

　　A. 膨胀阀的主要作用是控制节流

　　B. 膨胀阀开启过大,会导致系统高压低,低压高

　　C. 膨胀阀开启过小可能是毛细管破裂

　　D. 以上说法都对

6. 压缩机卡滞可能会导致(　　　)。

　　A. 压缩机皮带打滑,异响甚至断裂

　　B. 制冷系统中高压侧压力过低

　　C. 制冷剂不循环

　　D. 以上说法都正确

7. 鼓风机开关,通过控制(　　　)的大小来改变鼓风机转速的大小。

A. 电阻   B. 电容   C. 电压   D. 电磁

8. 压缩机的进气管和排气管是( )。

A. 进气管比排气管细,且进气管温度比排气管温度低

B. 进气管比排气管粗,且进气管温度比排气管温度高

C. 进气管比排气管细,且进气管温度比排气管温度高

D. 进气管比排气管粗,且进气管温度比排气管温度低

二、简答题

1. 汽车空调有哪些功能?

2. 简述空调制冷系统的工作原理。

3. 简述从低压侧加注制冷剂的步骤和方法。

4. 对空调制冷系统进行压力检测时,高压侧压力过高,低压侧压力过低,可能的原因有哪些?

5. 汽车空调系统的节流装置有哪几种?

情境 3 **汽车安全气囊系统检修**

- 能正确了解安全气囊 SRS 的功用和组成。
- 能熟练使用常用工具对安全气囊 SRS 系统部件进行拆卸和更换。
- 能正确使用维修手册,根据故障现象和检查项目,对安全气囊 SRS 系统的故障进行分析和排除。
- 能运用所学知识对安全气囊 SRS 系统综合故障进行分析和判断,制订排故流程,并完成故障排除任务。

 **情境导入**

故障现象:

一辆 2012 款的上海大众帕萨特轿车,行驶里程为 4 万 km,行驶过程中发现仪表安全气囊故障指示灯亮起。车主停驶发动机以后,重新启动,气囊故障指示灯仍然亮起,初步判断安全气囊系统出现故障。

故障分析:

此故障为安全气囊系统常见故障,要排除该故障,应根据上海大众帕萨特轿车安全气囊系统组成及工作原理、选取合适的检测工具对安全气囊系统进行故障诊断。

汽车安全气囊系统是辅助安全带的一种被动安全防护装置(SRS),是辅助防护系统中能够起到缓冲作用的一种装置,因此气囊属于安全装备之一。当汽车遭受冲撞导致车速急剧变化时,SRS 气囊迅速膨胀,承受并缓冲驾驶员或乘客头部与身体上部产生的惯性力,从而减轻人体遭受伤害的程度。

汽车安全气囊系统主要包含以下组件:

- 碰撞传感器:检测车辆发生碰撞时的减速度或惯性力,并将信号送到安全气囊系统的专用安全电子控制单元。

- 安全气囊 ECU：它从传感器接收信号，判断气囊应否张开，并诊断系统的故障。
- 充气装置和气囊：接收到 ECU 的执行信号，充气膨胀，保护驾驶员及乘客。
- 安全气囊导线：专用导线，连接安全气囊各工作部件。

根据安全气囊 SRS 系统的组成结构特点，对于安全气囊系统故障的原因可能有以下方面：

- 安全气囊部件：系统各电器零部件及传感器损坏。
- 控制系统：电气线路、电子控制系统。

任务 3.1　安全气囊系统组件检修

目标

- 能了解安全气囊系统功用、组成及工作原理。
- 能掌握安全气囊系统各部件拆装及检测方法。

内容

- 利用通用工具对安全气囊系统各部件进行安全拆装。
- 根据检测结果分析故障部位、故障原因，并排除。

活动　安全气囊系统

汽车安全系统分为主动安全系统和被动安全系统。主动安全是指预先发现危险的能力，如风挡玻璃视野、灯光系统、反光镜等；预先回避危险的能力，如转向系统、制动系统、驱动防滑、行驶平稳控制系统。被动安全是指避免或减轻乘员所受伤害，如安全带、安全气囊等。本节安全气囊系统是被动式、可膨胀的、辅助保护系统，简称 SRS。装有这种系统的车辆可以由"SRS-AIR-BAG"标志很快辨别。

驾驶员安全气囊标志铸压在方向盘中间的装饰盖上，而乘客安全气囊标志铸压在杂物箱上方仪表板上。配有安全气囊系统的车辆也可由组合仪表安全气囊故障指示灯来识别（图 3.1），每次将电源接到 ON 挡电作为系统故障测试，组合仪表的安全气囊故障指示灯点亮约 5 s。

图 3.1　安全气囊标志

（1）安全气囊类型

①按控制方式。按控制方式不同，可分为机械式与电子式。

②按安装位置。安全气囊按其安装位置不同，可分为驾驶员安全气囊、副驾驶员安全气囊、乘客侧面安全气囊、头部安全气囊及膝部安全气囊等。

③按发气剂。安全气囊按其使用的发气剂不同,可分为叠氮化钠型和液态氮型。

④按碰撞传感器位置。按碰撞传感器位置的不同,安全气囊可分为分离式和整体式两种。

⑤按点火类型。安全气囊按其点火类型,可分为单级点火和多级点火。安全气囊的分类如图 3.2 所示,安全气囊的点燃的过程如图 3.3 所示。

（a）2个安全气囊

（b）4个安全气囊

（c）6个安全气囊

图 3.2　安全气囊的分类

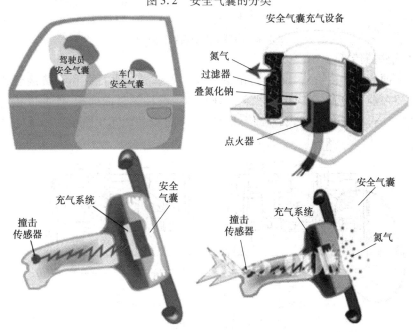

图 3.3　安全气囊的点燃的过程

电子式安全气囊系统由传感器、电子控制装置、充气装置、气囊及螺旋电缆等组成。通常充气装置和气囊制作成一体。

1）碰撞传感器

碰撞传感器又称为撞击传感器。电子控制式安全气囊系统采用的碰撞传感器按功用可分为碰撞传感器和安全传感器（防护传感器）两大类。碰撞传感器的作用是检测车辆发生碰撞时的减速度或惯性力,并将信号送到安全气囊系统的专用安全电子控制单元。碰撞传感器又分为车前传感器和中央传感器两类。安全传感器的作用是防止前碰撞传感器短路而造成气囊误张开,其信号是供电子控制单元确定是否发生碰撞。

①机械式

机械式传感器基本上可简化为由弹簧和质量块构成。当它承受一定时间及一定强度的加速度时,质量块由于惯性作用,触发机械开关,从而点爆气囊。

A. 滚球式碰撞传感器

滚球式碰撞传感器主要由滚球、磁铁、导缸、触点及壳体组成。滚球式传感器工作原理如图 3.4 所示。

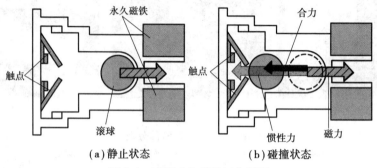

图 3.4　滚球式传感器工作原理

B. 滚柱式碰撞传感器

滚柱式碰撞传感器由滚柱、曲面板和弹簧接点等组成。曲面板和弹簧接点各接一根引线。平时滚柱在静止位置,为"OFF"状态;当碰撞时,滚柱越过曲面板,使曲面板与弹簧接点电路接通,为"ON"状态。滚柱式碰撞传感器的工作过程如图 3.5 所示。

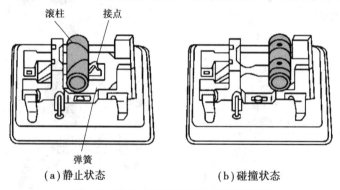

图 3.5　滚柱式碰撞传感器的工作过程

C. 偏心锤式传感器

丰田、本田和三菱汽车安全气囊系统采用偏心锤式传感器。它主要由止动销、滚轴、滚动触点、固定触点、底座及片状弹簧组成。片状弹簧与传感器的一个引线端子连接,一端固定在底座上;另一端绕在滚轴上,滚动触点固定在滚轴部分的片状弹簧上,并可随滚轴一起转动。固定触点与片状弹簧绝缘固定在底座上,并与传感器的另一个引线端子连接,如图 3.6 所示。

当传感器处于静止状态时,滚轴在片状弹簧的弹力作用下滚向止动销一侧,滚动触点与固定触点处于断开状态。

当汽车遭受碰撞,使滚轴的惯性力大于片状弹簧的弹力时,惯性力就会克服弹簧弹力使滚轴向前滚动,将滚动触点与固定触点接通,从而接通 SRS 气囊的搭铁回路。

D. 水银开关式传感器

水银开关式传感器是利用水银导电性好的特性制成,一般用作安全传感器。当汽车发

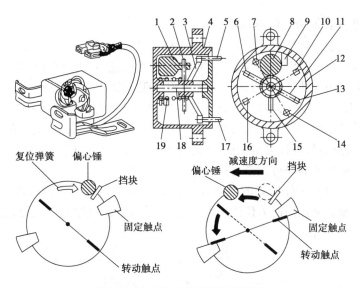

图 3.6 偏心锤式传感器结构原理

1、8—偏心锤;2、15—锤臂;3、11—转动触点臂;4、12—壳体;5、7、14、17—固定触点接线端子;

6、13—转动触点;9—挡块;10、16—固定触点;18—传感器轴;19—复位弹簧

生碰撞时,减速度将使水银产生惯性力。惯性力在水银运动方向上的分力会将水银抛向传感器电极,使两个电极接通,从而接通气囊点火器电路的电源,如图 3.7 所示。

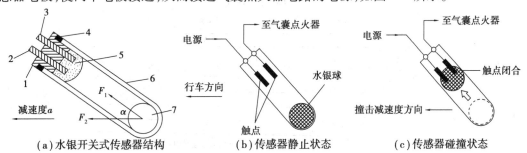

图 3.7 水银开关式传感器结构原理

1—盖;2、3—电极;4—O 形圈;5—水银撞上后位置;6—壳体;7—水银;F_1—水银运动分力;F_2—撞击力

②电子式

电子式主要可分为压电式、压阻式和电容式。压电式碰撞传感器是利用压电效应制成的传感器;压阻式由在硅梁上制成的硅片电阻构成桥路,硅梁变形时,桥路中电阻变化而引起输出电压变化;电容式由硅栅组成的电容极板组成,硅栅变形时,电容变化引起输出电压变化。碰撞传感器如图 3.8 所示。

 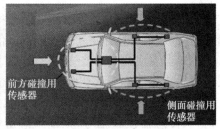

图 3.8 碰撞传感器

A. 电阻应变计式加速度传感器

电阻应变计式加速度传感器主要由电子电路、电阻应变计、缓冲介质及壳体等组成。电子电路包括稳压与温度补偿电路 W、信号处理与放大电路 A。应变计的电阻 R_1、R_2、R_3、R_4 制作在硅膜片上。当膜片产生变形时,应变电阻的阻值就会发生变化。为提高传感器的检测精度,应变电阻连接成桥式电路,并设计有稳压和温度补偿电路。

当汽车遭受碰撞时,振动块振动,缓冲介质随之振动,应变计的应变电阻产生变形,阻值随之发生变化,经过信号处理与放大后,传感器 S 端输出的信号电压就会发生变化。SRS 电控单元根据电压信号强弱便可判断碰撞的强度。

如图 3.9 所示为另一种形式的电阻应变计式传感器。在硅片窗口内装有嵌入式应变片,汽车碰撞时,悬臂梁在惯性力作用下发生弯曲,使应变片电阻发生变化,经集成电路处理后输出,即获得加速度信号。

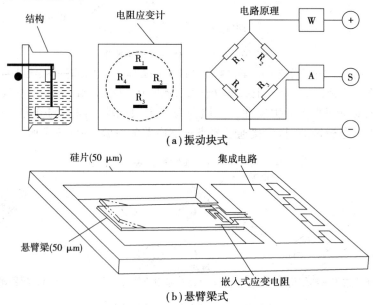

图 3.9　电阻应变计式传感器结构原理

B. 电容式加速度传感器

电容式传感器是在硅片中集成一个可变电容器。当传感器受到冲击时,电容器的电容发生变化,经过集成电路处理后输出,获得加速度信号。

传感器主要由壳体、电子计算装置和微型机械式加速度传感器构成。传感器的结构就像电容器一样,有几个电容器片是固定的;对应的还有几个电容器片是活动的,它们是振动质量块(图 3.10)。

在发生交通事故时,振动质量块就被推向信号接收方向,于是电容器的电容就会发生变化,电子计算装置分析这个信息并将它处理成数字信号,再将此数据传给 SRS 控制单元。

2)中央气囊传感器总成或气囊传感器总成

当车辆设有中央传感器(在 ECU 盒上)时,该总成称为中央气囊传感器总成;如果车辆未设置中央传感器,则该总成称为气囊传感器总成。中央气囊传感器总成安装在车内地板的中间位置上,它从传感器接收信号,判断气囊应否张开,并诊断系统的故障。安全气囊 ECU 如图 3.11 所示。

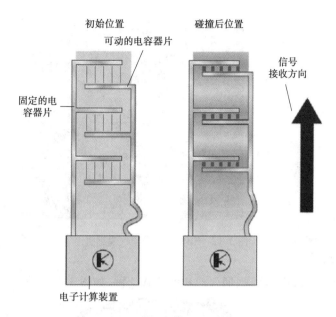

图 3.10   电容式传感器结构原理

图 3.11   安全气囊 ECU

3）侧面气囊系统

侧面气囊系统是保护汽车遭侧面碰撞以及车辆翻滚时乘员的安全，一般安装于车门上，车辆遭到侧面碰撞会导致车门严重变形，以致无法开启车门，车内乘员被困于车内，侧面安全气囊可有效地保护车内驾乘人员来自侧面撞击导致的腰部、腹部、胸部外侧以及胳膊的伤害，保证身体上肢的活动能力和逃生能力。

4）安全气囊指示灯

安全气囊指示灯安装在驾驶室仪表板上，并在仪表板表面的相应位置制作有图形或安全、AIRBAG 等字样表示。安全指示灯的功用是：指示安全气囊系统功能是否处于正常状态。当点火开关接通后，如果安全指示灯发亮或闪亮后自动熄灭，表示安全气囊系统功能正常；如果安全指示灯不亮、一直发亮或在汽车行驶途中突然发亮或闪亮，表示自诊断系统发现安全气囊系统有故障，应及时排除。SRS 系统安全气囊组件如图 3.12 所示。

气囊指示灯

图 3.12　SRS 系统安全气囊组件

5)充气装置和气囊

充气装置主要有压缩气体式、烟火式和混合式 3 种,如图 3.13 所示。

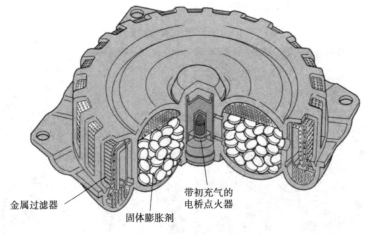

金属过滤器　　固体膨胀剂　　带初充气的电桥点火器

图 3.13　气体发生器

6)螺旋电缆

螺旋电缆是连接车身与转向盘的电气接线。螺旋电缆由转子、壳体、电缆及解除凸轮组成。转子与解除凸轮之间有连接凸缘和凹槽,转向盘转动时,两者互相触动,形成一个整体一起随方向盘转动。电缆很薄很宽,螺旋状盘在壳体内。电缆的一端固定在壳体上,另一端固定在转子上。螺旋电缆如图 3.14 所示。

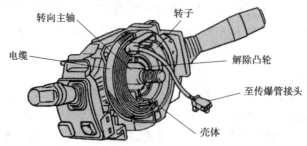

转向主轴　　转子　　电缆　　解除凸轮　　至传爆管接头　　壳体

图 3.14　螺旋电缆

7）安全气囊系统线束插接器及其保险机构

安全气囊系统采用的线束插接器绝大多数都为黄色插接器。安全气囊系统的插接器采用了导电性能和耐久性能良好的镀金端子，并设计有防止气囊误爆机构、端子双重锁定机构、插接器双重锁定机构及电路连接诊断机构等保险机构，用以保证气囊系统可靠工作。防误动机构如图 3.15 所示。

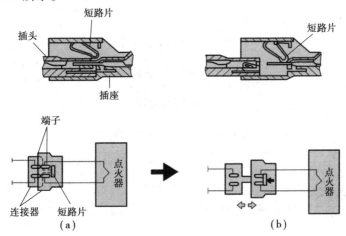

图 3.15　防误动机构

（2）安全气囊工作原理

安全气囊系统的前碰撞传感器有两个，分别固定于前左右翼子板内侧，还有一个装在汽车中部的安全传感器。当汽车受到前方一定角度内（一般为 30 ℃以内）和高速碰撞时（一般在 30 km/h 以上），传感器可检测到汽车突然减速，并把信号传给 SRS ECU，ECU 将这个电信号与储存的碰撞触发数据进行比较，当碰撞强度达到或超过碰撞触发数据时，ECU 立即指令电雷管点火，引起火药爆发，引燃氧气发生剂，产生大量压力气体，迅速充满气囊，冲开转向盘上的盖。

在双气囊汽车中，冲开副驾驶员安全气囊模包的盖，气囊安全张开。当驾驶员或乘客冲撞气囊时，气囊受压并由小孔排出氮气，持续时间不到 1 s，使得在发生碰撞事故时，乘客能够与比较柔软的气囊相接触，而不是与坚硬的汽车结构猛烈碰撞，从而达到减少伤害、保护乘客生命安全的目的。

电控单元除了能迅速、准确判断各传感器传来的信息，快速引爆可燃物外，而且还具有自诊断功能。控制系统有备用电源（大容量电容器），以保证发生事故时，蓄电池损坏后，安全气囊仍能正常工作。安全气囊的工作原理如图 3.16 所示，安全气囊的工作原理框图如图 3.17 所示。

安全气囊的整个过程（由充气、保护、泄气组成）在不到 1 s 内完成。安全气囊的工作过程如图 3.18 所示。

（3）安全气囊维修操作

1）安全规范

①安全气囊使用注意事项

a.任何时候都要系上座椅安全带。

b.调整好驾驶员座椅的位置，使自己感到舒服，坐在座椅上应尽量往后坐、往后靠，头部

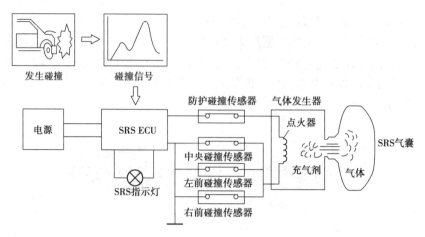

图 3.16　安全气囊的工作原理

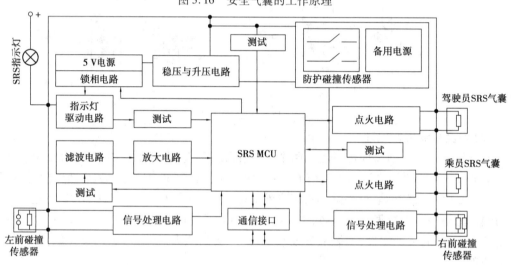

图 3.17　安全气囊的工作原理框图

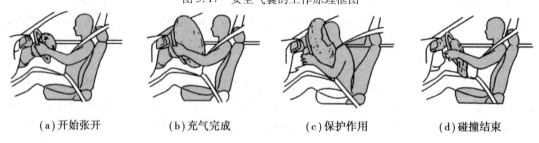

(a)开始张开　　　(b)充气完成　　　(c)保护作用　　　(d)碰撞结束

图 3.18　安全气囊的工作过程

不要太靠近转向盘。

c.不要在转向盘上固定或贴任何标志、标签等。

d.不要将任何物体,尤其是儿童放在驾驶员与转向盘之间。

e.不要抓住转向盘辐条或将手放在转向盘中间气囊罩盖上开车。

f.前排乘客在车辆开动时不要把脚放在仪表台上。

g.小于 10 岁的儿童应安置在后排座位上。

h.乘客前安全气囊的开关:当在前排座椅上安装儿童座椅时,应用钥匙关闭乘客前气囊;如果只有一个人驾驶车辆时,也可关闭乘客前气囊。在需要时,不要忘记把它打开,使其恢复作用。

i.在安全气囊起爆后,不要触摸它的零部件(因为它们很烫)。

j.不要试图自己来维修、移动、安装安全气囊系统、转向柱,这些工作必须由汽车服务站的技术人员操作。

k.安全气囊系统的气体发生器从安装之日起,10年更换一次。

 起爆装置是通过点火器来启动的,在搬运和存放起爆装置时,必须由经过专门训练的人来进行。

②安全气囊维修注意事项

安全气囊及安全带预张紧装置起爆后,必须同时更换气囊中央控制盒。其安全规范如下:

a.除原设计的线束外,绝对不能将其他电器线束接到起爆装置上。

b.禁止在点火器上使用欧姆表,以及其他能产生电源的仪器。

c.放置安全气囊(图3.19),气囊(装饰盖面)应向上,连接器向下,万一引爆时,危险较小。

d.起爆装置应妥善保管,不要将起爆装置放在温度高于100℃的地方。

e.绝不要试图用工具打开安全气囊的气袋,或点火器,并禁止对其加热。

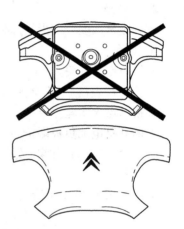

图3.19　安全气囊的放置

f.维修焊接前,应拆掉蓄电池。

g.绝不能使用破裂了的安全气囊气袋。

h.不要乱扔没有起爆的起爆装置元件(放电器或收集器)。

i.当驾驶员安全气囊还没有固定在转向盘上时,不要引爆。

j.当指定报废某一车辆时,必须使用专用工具来引爆起爆装置。

k.连接电器线束前,认真检查线束是否处于断电状态。

l.如果引爆失败,在进行其他操作前先等待几分钟,然后使用新的引爆装置重新进行引爆。

③安全气囊拆卸注意事项

进行任何操作前,先进行下列操作:

a.在进行操作前,先接通点火开关,检查仪表板上安全气囊指示灯的运行情况,应先亮6 s后熄灭。

b.关闭点火开关,拔出钥匙。

c.断开蓄电池正极。

d.至少等待2 min,如果安全气囊指示灯运行异常,应等待10 min,再进行操作。

e.拆下安全气囊后,放置安全气囊时,气囊(装饰盖面)向上,连接器向下,万一引爆时,危险较小。

f.拆卸已经起爆过的安全气囊后,应洗手。

g. 如果有灰尘、残渣进入眼睛里,应立即用清水冲洗眼睛。

④安全气囊安装注意事项

a. 只能安装规定的零件,安全气囊气袋的牌号必须同中央传感器及控制器的牌号一致。

b. 起爆装置元件是有失效期的,要遵守元件上注明的使用期限,初次装车后 10 年有效。

c. 在安装前,应切断点火开关,并检查蓄电池是否已经断开。

d. 接通蓄电池后,接通点火开关,当安全带还固定在中柱上时,不要碰安全带,不要把头放在安全气囊打开的轨迹之内。

e. 检查安全气囊指示灯运行情况。

2)维修操作

①驾驶员前安全气囊的拆装

A. 预操作

a. 接通点火开关。

b. 检查仪表盘上"安全气囊"指示灯的运行状况("安全气囊"指示灯先亮再灭)。

c. 拔出点火钥匙。

d. 断开蓄电池负极端子。

e. 至少等 2 min(如果"安全气囊"指示灯运行异常,要等待 10 min)。

B. 拆卸

a. 拆卸图 3.20 中 1 所指的螺栓。

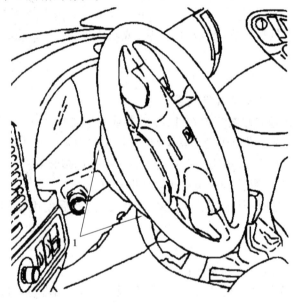

图 3.20　驾驶员安全气囊拆卸

b. 翻开安全气囊。

c. 拆卸安全气囊连接电线接头(橘黄色连接器)和接地线。

d. 移开安全气囊。

 存放未起爆的"安全气囊"气袋时,应遵守安全规范。

C. 安装

a. 连接安全气囊电线接头(橘黄色的连接器)和接地线。

b. 安装螺栓 1。

c. 拧紧螺栓 1,力矩为 8 N·m。

d. 接通蓄电池负极。

 检查仪表板上的"安全气囊"指示灯运转状况,接通点火开关后,"安全气囊"指示灯至少亮 6 s,然后熄灭。

②乘客安全气囊的拆装

A. 准备操作

a. 接通点火开关。

b. 检查仪表板上"安全气囊指示灯"是否正常(指示灯先亮后灭)。

c. 抽出点火钥匙。

d. 断开蓄电池负极。

e. 至少等待 2 min(如果安全气囊指示灯运转不正常,则需等待 10 min)。

B. 拆卸(图 3.21)

a. 拧开 3 个固定螺钉 1。

b. 先轻轻撬开一点毡垫,然后拆卸 3 个固定螺钉 2。

c. 翻开杂物盒,按压照明灯灯座内端,取下灯座,断开插头。

d. 取下杂物盒。

③中央控制盒 ECU 的拆装

A. 准备操作

a. 接通点火开关。

b. 检查仪表板上安全气囊指示灯是否正常(安全气囊指示灯先亮后灭)。

c. 关闭点火开关,拔掉钥匙。

d. 断开蓄电池的负极。

e. 至少等待 2 min(如果安全气囊指示灯运转不正常,则需等待 10 min)。

B. 拆卸(图 3.22)

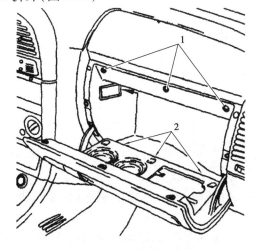

图 3.21　乘客安全气囊拆卸

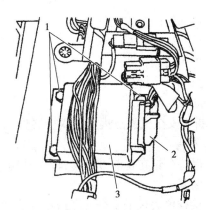

图 3.22　中央控制盒的拆卸

a. 拆卸副仪表总成。

b. 拆卸螺栓1。

c. 断开插接器2。

d. 拆卸中央控制盒3。

C. 安装

遵守安全操作规程,按拆卸操作的相反顺序进行安装。

 检查仪表板上安全气囊指示灯的运行,接通点火开关,指示灯至少持续发亮6 s,然后熄灭。检查中央控制盒,应不与其他零件干涉、接触。

④安全气囊点火旋转连接器的拆装

A. 准备操作

a. 接通点火开关。

b. 检查仪表板上安全气囊指示灯是否正常(安全气囊指示灯先亮后灭)。

c. 关闭点火开关,拔掉钥匙。

d. 断开蓄电池的负极。

e. 至少等待2 min(如果安全气囊指示灯运转不正常,则需等待10 min)。

B. 拆卸(图3.23)

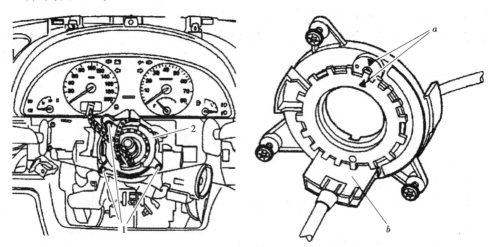

图3.23 安全气囊点火旋转连接器的拆卸

a. 拆卸转向盘安全气囊。

b. 将车轮保持在正前方位置,拆卸转向盘。

c. 拆卸转向柱罩。

d. 拆卸3个螺钉1。

e. 断开插接器。

f. 拆下安全气囊点火旋转联接器2。

C. 安装

a. 保持车轮在正前方位置,转动机构"b",对准箭头"a"所指的两标记。按照拆卸相反的程序装复。

b. 检查仪表板上安全气囊指示灯的运行,接通点火开关,指示灯至少持续发亮6 s,然后熄灭。

操作活动

汽车安全气囊系统拆装与检测

📖 **实施要求**

☞ 任务目标与要求

● 小组成员分工协作,利用提供实训车辆,依据工作任务分析制订工作计划,并通过小组自评或互评检查工作计划。

● 对汽车安全气囊系统(主副驾驶员处安全气囊、安全气囊 ECU 及安全气囊点火旋转联接器)进行拆装,并检测分析。

☞ 注意事项

● 在任务实施过程中,严格遵守相关实验实训制度和规范的要求,注意职场健康与安全要求,做好废料的处理,并保持工作场所的整洁。

📖 **实施步骤**

(1)决策

学生分组,明确各组的负责人;确定任务和每个人的工作职责,根据分工填写下表。

序 号	小组任务	个人职责(任务)	负责人

(2)计划

组长带领组内成员,查阅相关手册或指导书,制订任务计划,并检查计划有效性。

工作任务			
序号	工作步骤	工具/辅具	注意事项
1			
2			
3			
4			
5			

(3)实施

①实践准备。

场地准备	工量具准备	资料准备
6人用实习场地1块,对应数量的课桌椅,黑板1块,实践车辆等	常用工具套件、万用表及故障诊断仪等	相关车辆维修保养手册及使用手册

②对实训车辆后尾灯搭铁线路进行检测,并将检测内容填入下表。

车　型	VIN码	
操作项目		
使用诊断仪进行故障检查	正常 □	不正常 □
左前侧碰撞传感器的检测 测量电阻值:_____	正常 □	不正常 □
右前侧碰撞传感器的检测 测量电阻值:_____	正常 □	不正常 □
安全气囊点火旋转连接器 测量值:_____	正常 □	不正常 □
连接线路短路检测 测量值:_____	正常 □	不正常 □
连接线路开路检测 测量值:_____	正常 □	不正常 □
连接线路短路到地检测 测量值:_____	正常 □	不正常 □

③分组讨论影响安全气囊故障指示灯亮起的因素可能有哪些,说明其原因,并将讨论结果填入下表。

讨论项目	影响安全气囊故障指示灯亮起的故障因素
讨论结果及原因	

📖 评估总结

- 回答指导教师提问,并接受指导教师的相关考核。
- 对本次任务完成过程及效果进行自我评价和小组互评。
- 清洁工作场所,清点、归还相关工具设备,完成本次任务。

序号	评估项目	自评	互评	教师评估
1	能按拆装工艺拆装安全气囊系统各部件			
2	能正确判断安全气囊系统线路通断			
3	能正确分析出安全气囊系统故障原因			
4	职场安全及操作规范等			
5	"5S"现场管理			

本任务实施心得:

总体评价		教师签名	

任务 3.2　安全气囊检修

目标

- 能对安全气囊系统常见故障进行诊断。
- 能根据故障现象选择正确的检测诊断工具和检修计划。
- 能对汽车安全气囊系统进行故障检修。

内容

- 汽车安全气囊系统常见故障诊断与排除。
- 常用检测诊断设备的使用。

 关联知识

活动　安全气囊常见故障诊断

在进行故障码检查之前,应先进行"安全气囊故障诊断系统检查"。

(1)故障——副驾驶员安全气囊回路电阻过高

1)安全气囊控制电路(图3.24)。

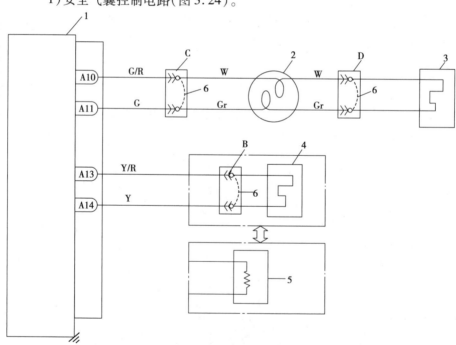

图 3.24　安全气囊控制电路

1—SDM(安全气囊控制单元);2—接触线圈;3—驾驶员侧安全气囊组件;

4—副驾驶员侧安全气囊组件;5—电阻(不装备副驾驶员侧安全气囊);6—短接条

2）检查程序（图 3.25）。

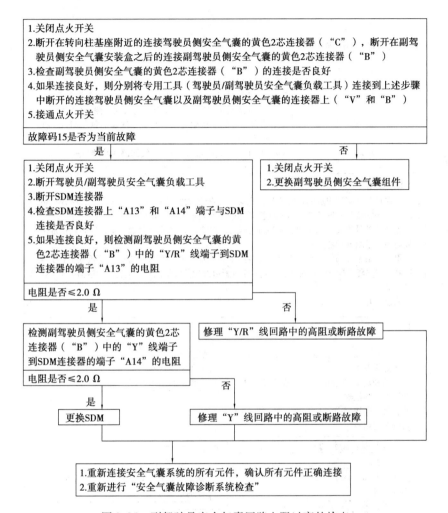

图 3.25　副驾驶员安全气囊回路电阻过高的检查

（2）故障码——副驾驶员侧触发回路电阻过低

控制电路如图 3.24 所示,检查程序如图 3.26 所示。

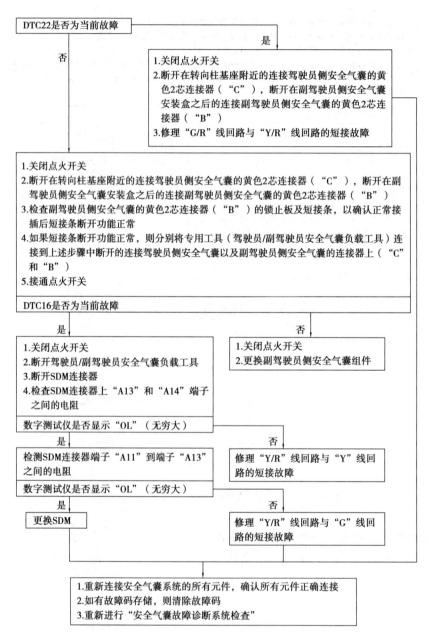

图 3.26　副驾驶员侧触发回路电阻过低的检查

（3）故障码——驾驶员侧触发回路电阻过高

控制电路图如图 3.24 所示,检查程序如图 3.27 所示。

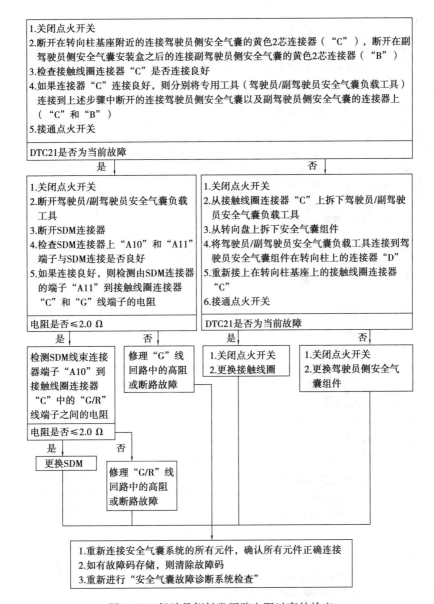

图 3.27　驾驶员侧触发回路电阻过高的检查

(4) 故障码 22——驾驶员侧触发回路电阻过低

控制电路图如图 3.24 所示,检查程序如图 3.28 所示。

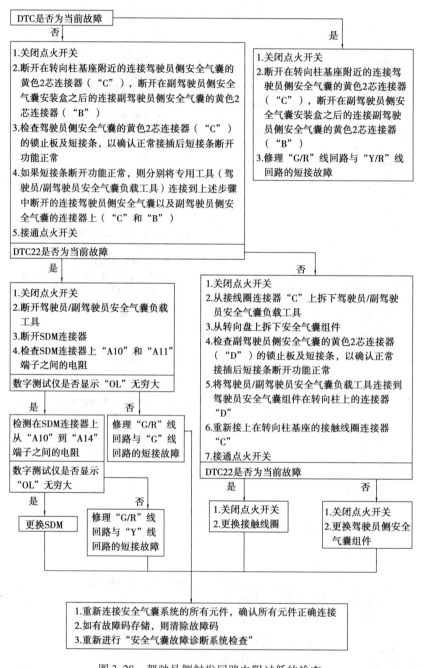

图 3.28　驾驶员侧触发回路电阻过低的检查

（5）故障码24——触发回路对搭铁短路

1）触发电路（图3.29）。

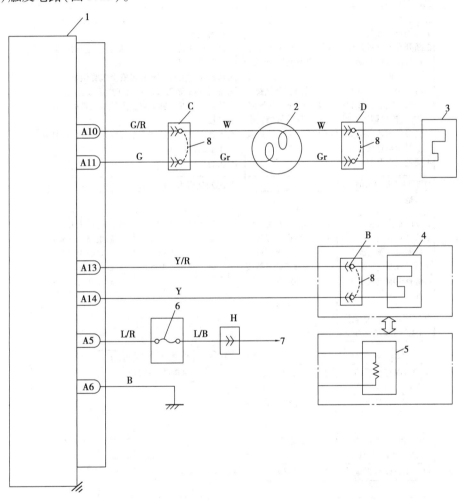

图3.29　安全气囊触发电路

1—SDM;2—接触线圈;3—驾驶员侧安全气囊组件;4—副驾驶员侧安全气囊组件;5—电阻（未装备副驾驶员侧安全气囊）;6—熔丝盒内的"安全气囊"熔丝;7—接至点火开关;8—短接条

2）检查程序(图3.30)。

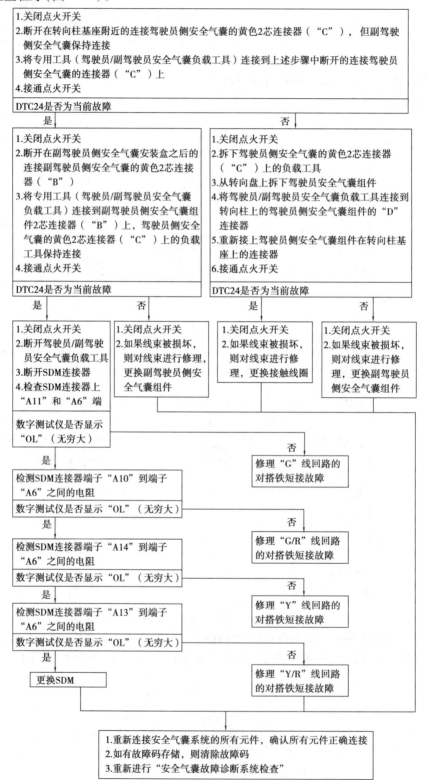

图3.30　触发回路对搭铁短路的检查

(6)故障码 25——触发回路对电源短路

电路图如图 3.29 所示,检查程序如图 3.31 所示。

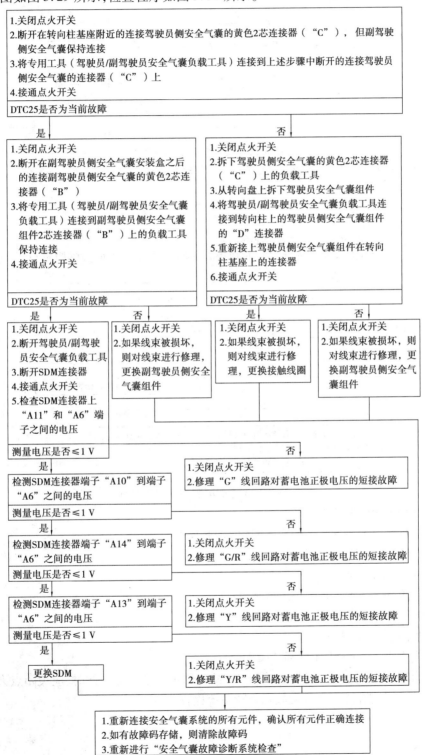

图 3.31　触发回路对电源短路的检查

(7)故障码——电源电压过高

1)电源电路(图3.32)

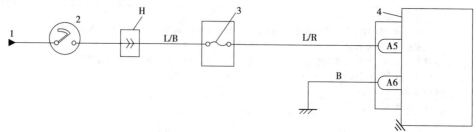

图3.32 安全气囊电源电路

1—接至蓄电池正极;2—点火开关;3—熔丝盒内的"安全气囊"熔丝;4—SDM

2)检查程序(图3.33)

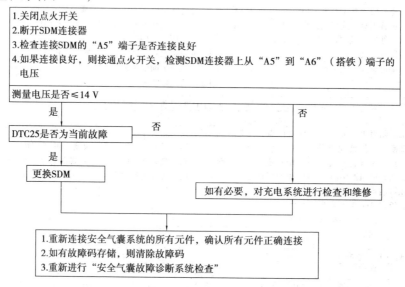

图3.33 安全气囊电源电压过高的检查

(8)故障——电源电压过低

电路图如图3.32所示,检查程序如图3.34所示。

(9)故障码——识别正面冲撞

检查程序如图3.35所示。

(10)故障码——AIR BAG报警灯回路故障

1)AIR BAG报警灯电路图(图3.36)。

2)检查程序(图3.37)。

(11)故障码71——SDM内部故障

SDM诊断到内部故障时设置故障码71,此代码不能被清除。此时,应关闭点火开关,更换SDM,然后重新进行"安全气囊故障诊断系统检查"。

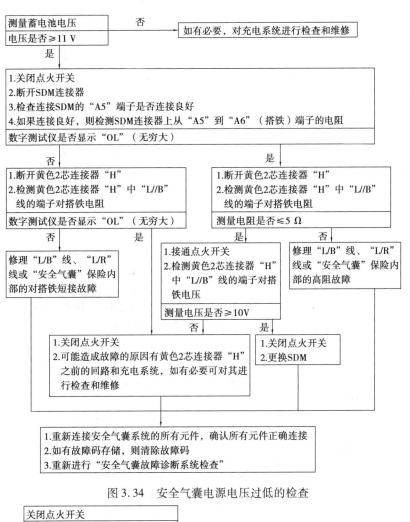

图 3.34　安全气囊电源电压过低的检查

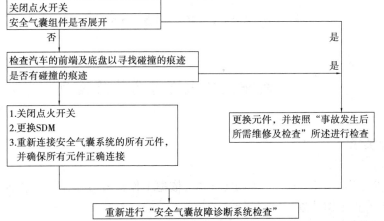

图 3.35　识别正面冲撞的检查

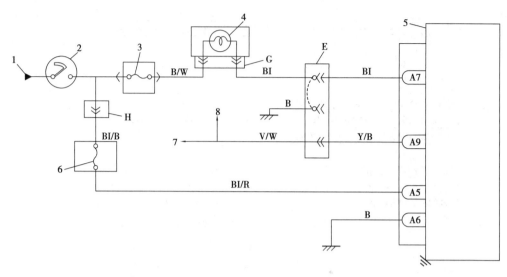

图 3.36　AIR BAG 报警灯电路

1—接蓄电池正极;2—点火开关;3—熔丝盒的"点火线圈组合仪表"熔丝;

4—组合仪表内的"AIR BAG"报警灯;5—SDM;

6—"AIR BAG"熔丝盒内的"安全气囊"熔丝;7—接至 DLC;

8—接至 ECM、TCM(如装备)、ICM(如装备)以及 ABS 控制器(如装备)

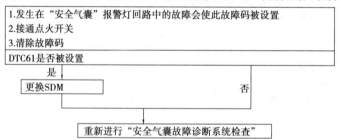

图 3.37　AIR BAG 报警灯回路故障的检查

操作活动

汽车安全气囊综合故障检测

📖 **实施要求**

☞ 任务目标与要求

● 小组成员分工协作,利用提供实训车辆,依据工作任务分析制订工作计划,并通过小组自评或互评检查工作计划。

● 对汽车安全气囊系统进行综合故障检测与分析。

☞ 注意事项

● 在任务实施过程中,严格遵守相关实验实训制度和规范的要求,注意职场健康与安全需求,做好废料的处理,并保持工作场所的整洁。

📖 **实施步骤**

（1）决策

学生分组,明确各组的负责人;确定任务和每个人的工作职责,根据分工填写下表。

序　号	小组任务	个人职责（任务）	负责人

（2）计划

组长带领组内成员,查阅相关手册或指导书,制订任务计划,并检查计划有效性。

工作任务			
序号	工作步骤	工具/辅具	注意事项
1			
2			
3			
4			
5			

（3）实施

①实践准备。

场地准备	工量具准备	资料准备
6 人用实习场地 1 块,对应数量的课桌椅,黑板 1 块,实践车辆等	常用工具套件、万用表及故障诊断仪等	相关车辆维修保养手册及使用手册

②对实训车辆驾驶员侧触发回路电阻过高进行检测,并将检测内容填入下表。

车　型		VIN 码	
操作项目			
接触线圈连接器是否连接良好	正常 □	不正常 □	
断开副安全气囊线路,检测是否有故障码	有故障码 □　故障码:	正常 □	
检测驾驶员侧安全气囊至ECU 处连接电阻是否正常	正常 □	不正常 □	
检测驾驶员侧安全气囊至螺旋弹簧处连接电阻是否正常	正常 □	不正常 □	

③分组讨论影响驾驶员侧触发回路电阻过高的因素可能有哪些,说明其原因,并将讨论结果填入下表。

讨论项目	影响驾驶员侧触发回路电阻过高的故障因素
讨论结果及原因	

📖 **评估总结**

· 回答指导教师提问,并接受指导教师的相关考核。

· 对本次任务完成过程及效果进行自我评价和小组互评。

· 清洁工作场所,清点、归还相关工具设备,完成本次任务。

序　号	评估项目	自　评	互　评	教师评估
1	能正确使用工具读取安全气囊故障码			
2	能正确判断安全气囊系统线路通断			
3	能正确分析出安全气囊系统故障原因			
4	职场安全及操作规范等			
5	"5S"现场管理			
本任务实施心得:				
总体评价		教师签名		

习　题　3

一、选择题

1. 讨论气囊胀开时,甲说气囊胀开后,驾驶员一侧的气囊在 1 s 后瘪掉;乙说从撞击瞬间起到气囊充满气为止的时间小于 100 ms。试问谁正确?（　　）

A. 甲正确 　　 B. 乙正确 　　 C. 两人均正确 　　 D. 两人均不正确

2. 在讨论气囊传感器时,甲说各传感器上的箭头必须指向汽车的后方;乙说一定不要将气囊传感器托架弄弯或扭曲。试问谁正确?(　　)

A. 甲正确 　　 B. 乙正确 　　 C. 两人均正确 　　 D. 两人均不正确

3. 在讨论加速度计型气囊传感器时,甲说加速度传感器能感受撞击力和方向;乙说加速度传感器产生数字电压。试问谁正确?(　　)

A. 甲正确 　　 B. 乙正确 　　 C. 两人均正确 　　 D. 两人均不正确

4. 在讨论气囊控制模块(ECM)时,甲说 ACM 模块在点火开关开通时监测气囊系统;乙说 ACM 模块控制仪表板上的气囊警告灯。试问谁正确?(　　)

A. 甲正确 　　 B. 乙正确 　　 C. 两人均正确 　　 D. 两人均不正确

5. 在讨论气囊系统警告灯时,甲说有些系统的这种警告灯,在发动机启动后应闪光7～9次,然后熄灭;乙说有些系统的这种警告灯在发动机启动时应该发亮。试问谁正确?(　　)

A. 甲正确 　　 B. 乙正确 　　 C. 两人均正确 　　 D. 两人均不正确

6. 在讨论气囊胀开回路时,甲说如果起爆传感器触点闭合,该传感器就接通充气器到地线的电路;乙说如果两个判别传感器的触点闭合,气囊就胀开。试问谁正确?(　　)

A. 甲正确 　　 B. 乙正确 　　 C. 两人均正确 　　 D. 两人均不正确

7. 在讨论充气器的工作时,甲说氮气是气囊胀开的主要产物;乙说在气囊胀开期间,发热剂中的氧化铜产生氢气。试问谁正确?(　　)

A. 甲正确 　　 B. 乙正确 　　 C. 两人均正确 　　 D. 两人均不正确

8. 在讨论安全气囊系统的检修时,甲说搬动气囊组件,应将装饰盖面对身体;乙说将电阻表连接到气囊组件的接线端上,可测试该组件。试问谁正确?(　　)

A. 甲正确 　　 B. 乙正确 　　 C. 两人均正确 　　 D. 两人均不正确

9. 甲在更换气囊组件时检查螺旋电线连接有无损坏迹象。乙用自备电源的万用表以确定系统工作状态是否正常。试问谁正确?(　　)

A. 甲正确 　　 B. 乙正确 　　 C. 两人均正确 　　 D. 两人均不正确

二、简答题

1. 安全气囊的工作如何?

2. 检修安全气囊的注意事项有哪些?

情境 4　汽车视听与导航系统检修

- 熟悉汽车视听与导航系统的功用、类型、组成和结构特点。
- 能熟练使用常用工具对视听与导航系统部件进行拆卸和更换。
- 能正确使用维修手册,根据故障现象和检查项目,对视听与导航系统的故障进行分析和排除。
- 按照职业岗位的要求文明生产、安全操作。

情境导入

故障现象:

一辆 2012 款的一汽-大众奥迪轿车,行驶里程为 10 万 km,行驶过程中发现收音机无法接收广播且无任何声音放出,播放媒体文件也无声音放出。车主将车辆送 4S 店进行检修,初步判断汽车试听系统出现故障。

故障分析

此故障为视听与导航系统常见故障,要排除该故障,应根据一汽-大众迈腾轿车试听系统组成及工作原理、选取合适的检测工具对视听系统进行故障诊断。

汽车视听系统主要包含收音机、电视、CD/DVD 播放、音频/视频播放。为满足人们对汽车安全保障(电子安全辅助、快速紧急救援、远程车辆状况监测)、舒适便利(行车贴心服务、丰富娱乐、资讯获取、优良驾车体验)以及高效节能(行车路径规划、减少拥堵、移动办公、互联网应用)等方面不断提升的需求,汽车信息娱乐系统的主要功能如下:

- 车载电话:移动电话、蓝牙免提、地址簿管理。
- 导航:路线指引、电子狗超速提醒、3D 实景导航、目的地信息。
- 远程信息:交通拥堵警报、可选路线。
- 行程数据:里程数据、燃油消耗、加油站。

116

- 安全与保障:语音识别、轮胎压力监控、车身状态检测与调节。
- 互联网应用:互联网浏览、邮件服务、移动办公、电子商务。

任务 4.1　信息娱乐系统组件检修

目标
- 能了解信息娱乐系统功用、组成及工作原理。
- 能掌握信息娱乐系统各部件拆装及检测方法。

内容
- 利用通用工具对信息娱乐系统各部件进行安全拆装。
- 根据检测结果分析故障部位、故障原因,并排除。

关联知识　活动 1　信息娱乐系统的组成

　　一汽-大众奥迪 A6L 轿车信息娱乐系统如图 4.1 所示。它主要由显示与操纵单元、收音机/CD 播放/电视模块、音响系统、导航系统、电话或手机准备系统、语音操纵系统及天线系统等组成。

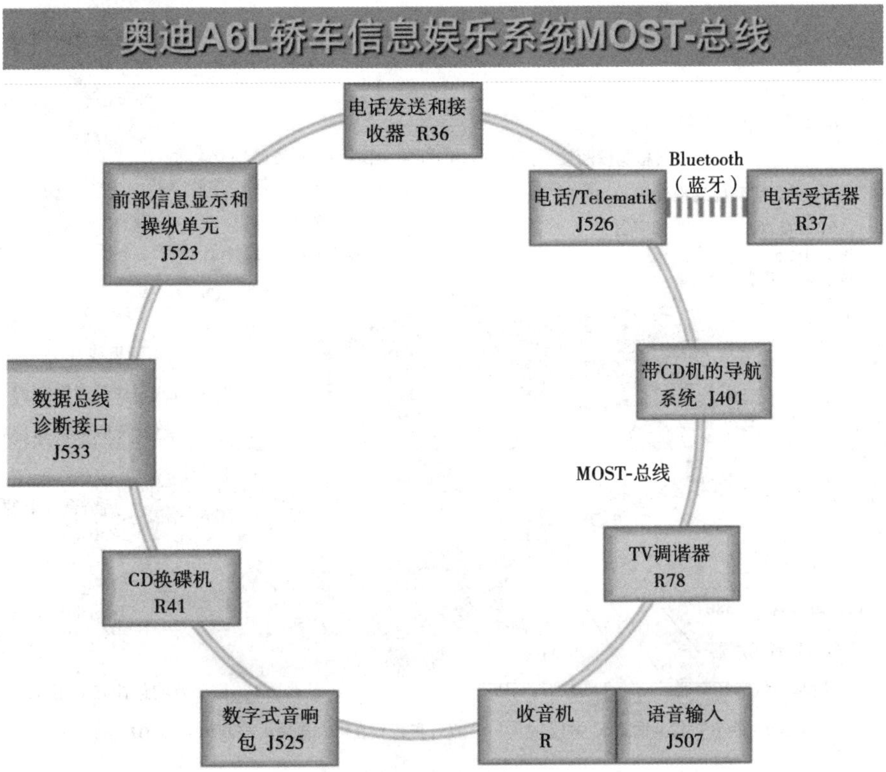

图 4.1　奥迪 A6L 轿车信息娱乐系统

　　信息娱乐系统各控制单元之间的数据传递通过 MOST-总线来进行。其中,前部信息控制单元 J523 是主控制单元,负责对 MOST 总线的系统管理,执行系统管理器功能。

　　信息娱乐系统在车上的布置如图 4.2 所示。

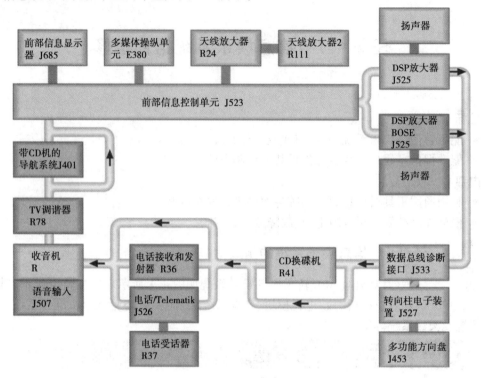

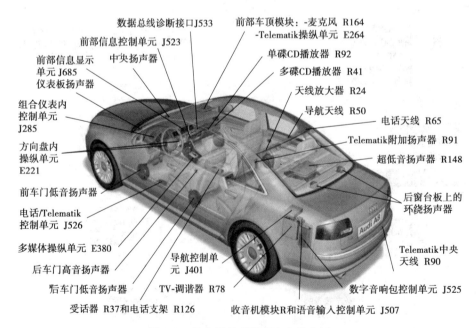

图 4.2　信息娱乐系统在车上的布置

活动2 汽车视听系统

(1)汽车视听系统的组成

汽车视听系统由信号源、放大器、扬声器及显示器等组成。它是在传统的汽车音响基础上增加了视频信号源(AV功能),即TV调谐器、VCD/DVD播放机,同时增加了显示器。

1)信号源

信号源是汽车视听系统的节目源。它包括收音机/TV调谐器、CD/MP3/VCD/DVD播放器等。目前,普通中低档车信号源主要是收音机和CD、MP3播放器,高档车增加VCD/DVD机,并可选装TV调谐器。

①收音机(调谐器)

收音机通过接收从许多广播电台发射的无线电波中的一种来选择某一需要收听的节目。无线电广播分调幅AM和调频FM。收音机接收AM和FM广播是不同的,可通过按钮操作来切换,如图4.3所示。

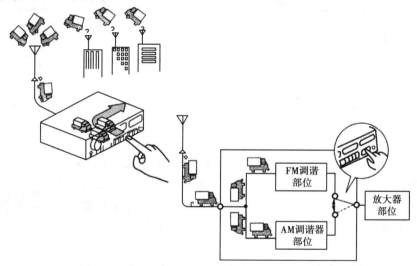

图4.3 收音机

AM是调幅的简称,它将载波的波幅按声音信号转换。FM是调频的简称,它将载波的频率按声音信号的频率转换。

AM与FM的区别如下:

a.与AM广播相比,FM有良好的音质和较少的噪声。所有的FM广播均是立体声,但AM广播除某些电台(或节目)外,均是单声道的。

b.AM广播使用中波,FM广播使用甚高频。AM广播服务范围大于FM广播。

调谐器的工作原理如图4.4所示。广播电台发射的音乐和语音的信号是与载波进行合成的调制信号,收音机通过调谐器把天线所获得的电波进行增幅,并从中选择符合频率要求的发射波,再从发射波(运载波的高频部分)中把信号波(可听频率)分离取出。FM调谐器的工作原理如图4.5所示,点画线所包围的前端是进行运载波处理的部分。

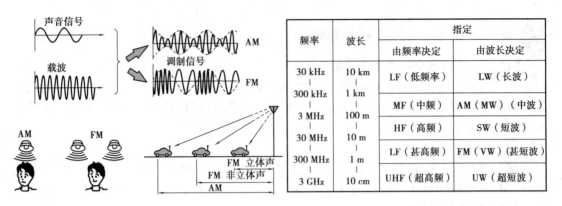

图 4.4　调谐器的工作原理

频率	波长	指定	
		由频率决定	由波长决定
30 kHz	10 km	LF（低频率）	LW（长波）
300 kHz	1 km	MF（中频）	AM（MW）（中波）
3 MHz	100 m	HF（高频）	SW（短波）
30 MHz	10 m	LF（甚高频）	FM（VW）（甚短波）
300 MHz	1 m	UHF（超高频）	UW（超短波）
3 GHz	10 cm		

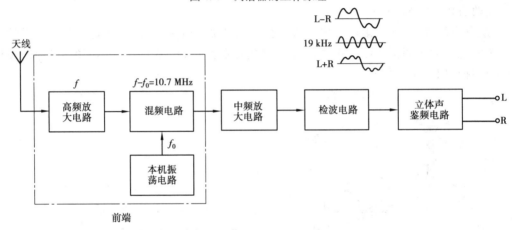

图 4.5　FM 调谐器的工作原理

A.高频放大与混频电路

对天线收到弱电波进行处理,予以放大,与此同时,去除干扰波。混频电路将载波频率与本机振荡频率混合,以形成中频频率 10.7 MHz(调 465 kHz)。

B.中频放大电路

将 10.7 MHz(调幅为 465 kHz)信号进行放大至检波、鉴频所需的电平。

C.检波、鉴频电路

中频放大后的信号,在检波、鉴频电路中去除载波,以解析出立体声导向信号(19 kHz)和立体声左右声道信号(L、R)的合成信号(L − R,L + R)。在没有立体声信号的情况下,从检波电路送出单通道音频信号。

②CD 播放器

CD(Compact Disc)播放器即激光唱机,是用来播放激光唱片的设备。CD 播放机的核心是 CD 机芯。它将 CD 唱片上所刻录的音频数字信号转变成原来的模拟信号。

CD 唱片是一只圆盘,其外径 120 mm(或 80 mm),厚 1.2 mm。它由透明板(聚碳酸盐)、铝反射薄膜和保护膜(塑料)3 层组成,如图 4.6 所示。CD 唱片上的音频信号采用脉冲编码调制(Pulse Code Modulation,PCM)方式。PCM 方式将模拟信号数字化要经过采样、量化和编码 3 个过程。音频信号被刻制成有、无凹点表示的数字信号,这些凹点 0.5 μm 宽、0.9 ~ 3.3 μm 长和 0.11 μm 深,并形成从圆盘内部到外面反时针转向盘旋的轨道。轨道开始位置在最里面,音乐数据内容(歌曲的总数、总放音时间、各歌的位置等)被刻制成读入信息。依据此信息显示磁道数和放音时间,并执行歌曲的选择和搜索。

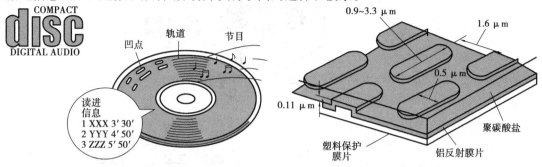

图4.6　CD播放器

CD播放器由电路和机械两大部分组成。机械部分主要包括唱片托盘驱动机构、唱片旋转机构和激光拾音器伺服进给机构等。其电路部分如图4.7所示。它主要有激光拾音器、伺服系统、信号处理系统、控制显示系统及电源等。

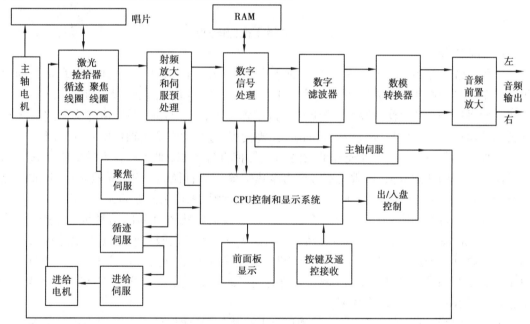

图4.7　CD机电路原理

CD播放器根据激光束发射到刻在CD盘上凹点处的反射光强度,获得信号并转变为电信号。再以此转换成音频信号。其基本工作原理如图4.8所示。

A. 激光拾音器

激光拾音器简称"激光头",是激光唱机的关键部件。它主要是发射激光和接收由CD盘表面反射回来的光信号,并进行光电转换成为高频电信号,取得含有表示音频信息的射频(RF)信号、循迹误差信号(TE信号)和聚焦误差信号(FE信号)。

激光头正确地对CD盘上的凹点发射激光,并获得反射光。当激光束击在无坑的地方,光束几乎100%反射并回到光电二极管。当光束击中某个坑,产生的衍射导致只有大约30%的光回到光电二极管。光电二极管收到的光的强度变化而产生的电流变化即为CD盘所刻制的音频数字信号。

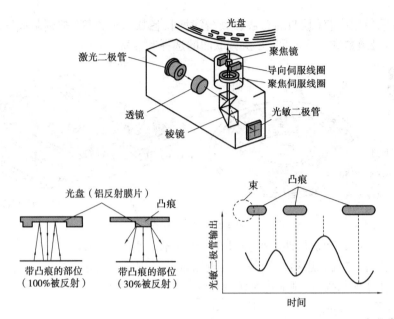

图 4.8　CD 播放器工作原理

B. 伺服系统

伺服系统的作用是保证激光头能准确地拾取 CD 盘上的信息,并达到高保真重放的效果。即重放过程中使聚焦光斑正确地落在正在拾取的信迹上,并以恒线速度跟踪 CD 盘的信迹。它采用光学的方法,检测出聚焦与循迹跟踪误差,产生校正信号,使光头始终处于正确的信号轨迹上。伺服系统包括聚焦伺服、循迹伺服、进给伺服及主轴伺服 4 种伺服。

a. 聚焦伺服。使激光束在光盘的放音面上保持良好聚焦,即在垂直方向对准信迹。为了使激光头正确地读取信号,激光束必须由聚焦镜聚焦成直径为 $0.9~\mu m$ 的光点,且此光点必须始终落在信号坑所在的平面上,聚焦伺服控制系统用来控制光点的大小。

b. 循迹与进给伺服:为了使光点能正确地跟踪按盘旋轨道排列的信号坑(轨迹间距为 $1.6~\mu m$)或起快速移动激光头到目标轨道,必须有一个跟踪伺服控制系统来跟踪控制光点沿径向的移动。循迹伺服是保证光盘旋转时,激光束在水平方向对信迹进行准确的跟踪。进给伺服是利用进给电机移动激光头,与循迹伺服共同实现激光束水平方向跟踪扫描光盘的信迹,以使激光头准确读出数据。

c. 主轴伺服:使主轴电机按恒定线速度(CLV)旋转,从而保证激光头读出信息的速度保持恒定。在 CD 盘上,声音信号是以恒定线速度刻制的。因此读信号时,必须通过变化 CD 盘的转速控制信号以恒速通过光拾波器。当光拾波器在 CD 盘最里面时,转速(500 r/min),光拾波器在 CD 盘最外面时,转速较低(200 r/min)。CLV 伺服系统通过与 CD 盘上所刻制的信号同步,使线速度变成恒量。

C. 信号处理系统

信号处理系统主要包括射频放大、数字信号处理和数模转换等电路射频(RF)放大和伺服预处理。把激光头获得的反映音频信号有关信息的 RF 信号放大,同时形成伺服电路所需要的各种误差信号。

a. 数字信号处理(DSP):把模拟信号形式的 RF 信号整形成数字信号 EFM 信号,并进行 EFM 信号解码。PCM 编码过程中,将每段 8 bit 信号调制成了 14 bit 信号(Eight to Fourteen

Modulation,EFM,也即 8 到 14 的调制 EFM),EFM 解码则将信号进行解调、纠错、插补等处理,重新输出 8 bit 的数字信号。存储器的作用是用以缓冲,存放数据。

b. 数模(D/A)转换和数字滤波器:数字滤波器是用以降低噪声和改善滤波效果。D/A 转换器把数字音频信号转换成模拟音频信号。音频前置放大:把模拟音频信号放大后输出。

D. 控制显示系统

以微处理器 CPU 为控制中心,接收按键旋钮、遥控指令及各种检测数据,并进行判别和输出相应的指令控制机械部分和其他电路工作,以实现 CD 唱机的正常播放、选曲、出/入盘等功能,同时控制显示屏显示各种信息。

E. 电源

向激光唱机各部分提供所需要的不同电压和电流。

③VCD 播放器

VCD(Video Compact Disc)播放器是播放采用 MPEG-1 标准压缩编码的 VCD 激光影碟的设备。VCD 播放器激光拾音器工作方式同 CD 播放器一样,机芯是通用的。VCD 与 CD 播放器唯一的不同是增加了数字化音视频信号解压缩功能,并分别经数模变换后输出模拟的声音和图像信号。VCD 播放器兼容了 CD 播放器的功能。

VCD 播放器主要由 CD 机芯、伺服电路、系统控制电路、MPEG-1 解码电路、PAL/NTSC 编码器、音频电路及 RF 变换器等构成,如图 4.9 所示。

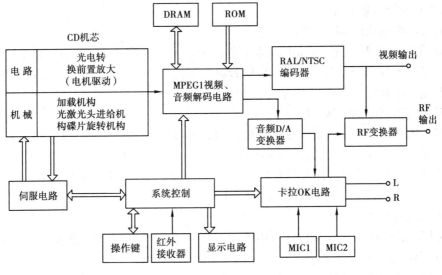

图 4.9　VCD 播放器

④DVD 播放器

DVD(Digital Video Disc)即是数字影碟,采用的是 MPEG-2 标准压缩编码。DVD 播放器解决了 VCD 图像清晰度不够高的问题,是更高级的激光影碟机。

⑤MP3 播放器

MP3 是 MPEG-1 Layer 3 压缩格式(1:10)的缩写,是数码技术和网络化的产物。同时,MP3 是一种计算机音频文件格式。它的特点是生成的声音文件音质接近 CD,而文件大小却只有其1/10。汽车上一般不单独装用 MP3 唱机,而是在 CD 机内集成了 MP3 播放功能,用于播放 MP3 节目。

2)放大器

放大器简称功放,其主要作用是将各种节目信号进行电压放大和功率放大,然后推动扬声器发出声音。按功能不同分为前置放大器、功率放大器和环绕声放大器等类型。

3)扬声器

扬声器又称喇叭,是汽车视听系统的终端,决定着车内音响性能。扬声器的数量、口径和安装位置由汽车舒适性的要求而定,但是为了能欣赏立体声,车内至少需要装用两只扬声器。

扬声器的主要功能是把音频信号还原成声音传达出来,而其不同的声音,需要大小不同的喇叭来执行。一般而言,扬声器的体积越大,其声音越低沉;体积越小,声音越高。扬声器大体可分为全音域、同轴式、组合式3大类。全音域就是以一只扬声器涵盖大部分频率的声音范围;同轴式的构成是在低音扬声器的轴心上,再加上一个高音或者中音扬声器,形成所谓的同轴二音路或同轴三音路扬声器,在汽车上应用较多;组合式扬声器则是通过几个大小不同的扬声器单体,再配合上电容器、电阻、电感等电子元件形成的被动分音器来分配不同频率范围,让大小不同的扬声器发出不同频率的声音。

4)显示器

车载显示器是视听系统必不可少的组成之一。目前,轿车 VCD 或 DVD 使用的显示器一般均为液晶超薄显示器,而大型客车一般使用的是电视机。

(2)汽车视听系统特点

1)具有防振系统的 CD/VCD/DVD

目前,采用的减振装置主要是防振悬挂系统和电子减振系统。防振悬挂包括拉簧、气囊(或橡胶阻尼)和硅油减振器等,具有衰减振动的功能。电子减振的原理是使用了大容量的缓冲存储器预读数据。

2)具有防盗功能的控制面板

许多高档汽车音响的控制面板具有熄火隐藏或可拆装功能。对于可隐藏式面板,当点火开关关闭时,原先色彩斑斓的液晶显示控制面板便会变成黑色(与仪表板同色),以避免引起窃贼注意。而装用可拆式面板的音响,当驾驶员离开汽车时,可以取下音响系统的控制面板,这样盗贼就是拿走了音响装置也无法使用。

3)电话减音功能

当使用车载电话时,此功能会自动调低系统的声音,或使系统处于静音状态。当电话挂断后,音响会自动恢复原来音量。

4)驾驶座声场模拟系统

驾驶座声场模拟系统可根据驾驶者的选择,把左方、右方扬声器发出的声音延迟若干秒,模拟出一个驾驶座在中央的声场,使音质定位达到完美的境界。

5)DSP(数码信号处理器)

由于各种汽车的音响环境、声场都不够完美,因此需要用 DSP 进行声场校正。

6)先进的防盗系统

现代汽车音响具有高技术的防盗系统,可以使用密码和其他高新技术,使汽车音响被盗后无法使用。

7）智能语音识别系统

一些高档音响装备有语音识别系统，能根据人的语音进行操作。驾驶员驾驶车辆时，能通过语音命令直接进行视听音响系统的操作。

8）与导航系统兼容的 DVD/VCD 系统

现代高档轿车的 DVD/VCD 视听系统同时也是车载卫星导航系统的一部分，当放入数字地图光盘后，在显示器上将显示出数字地图，配合导航系统，实时指引汽车的行驶路线。

9）可伸缩的液晶显示屏

汽车视听系统的液晶显示屏为了不占据仪表板的位置，一般都设计成内藏式。当需要使用显示屏时，显示屏可以自动伸出，然后翻转到合适的角度以便于观看。

10）具有安全功能的 DVD

高档轿车的 DVD 系统，当车辆处于行驶状态时，驾驶员仪表板处的显示屏将不会播放视频信号，以免影响驾驶员的安全行车。

（3）汽车视听系统检修

1）检修注意事项

检修 CD 唱机等激光视听设备，要特别注意以下 5 个问题：

①拆卸、检查和安装中，要特别注意保护镜头和精密机械部件，手不要触及镜头透镜。清洗镜头时，注意不要让棉纱和尘埃留在镜头上。

②在检修时，绝对不能用眼睛直视激光光路的方法来确定激光是否接通。眼睛应尽可能保持远离激光拾音器 30 cm 以上，以免造成对眼睛的伤害。

③注意防静电。人体通常都带有静电，一般情况没有什么危害。但激光音视设备中的 IC 均采用 CMOS 技术，其输入阻抗很高，人手上的静电碰上 CMOS 电极会产生较高的电压击穿电极，造成 IC 的损坏。对静电最敏感的部件是激光拾音器，它更容易受人体静电损坏。

④不要随便调整电路板上电位器。在打开机盖后，除非绝对必要，不应随手调整电路主板上的调整电位器，因为这些调整电位器是在机器出厂时严格校对好的。

⑤在拆卸时，应切断电源，并应防止振动和用力过大而使内部器件损坏。

2）CD 播放器检修

车用 CD 播放器一般故障检修步骤如图 4.10 所示。

车用 CD 播放器常见的故障有：托盘不能开启，激光二极管无输出，唱片目录不能正确读出，激光拾音器聚焦不正确，激光拾音器跟踪轨迹有误，转盘电机转动不正常，信号处理电路失常，等等。

以丰田威驰轿车为例，介绍车用 CD 播放器电路的检修。

车用 CD 播放器电路如图 4.11 所示。其检查程序如下：

①检查是否插入一个合适的 CD。确定是一个正常的音乐 CD，并且没有变形、裂纹、脏污、划伤或其他缺陷。其标准是：正常的音乐 CD。如果不正常，CD 有问题；如果正常，转到下一步骤。

②插入一个合适的 CD，检查 CD 是否装反。其标准是：没装反。如果不正常，正确安装光盘；如果正常，转到下一步骤。

③清洁光盘。如果光盘脏污，用软布按箭头方向从中心向外擦拭表面。如果正常播放，说明光盘脏污；如果不正常，转到下一步骤。

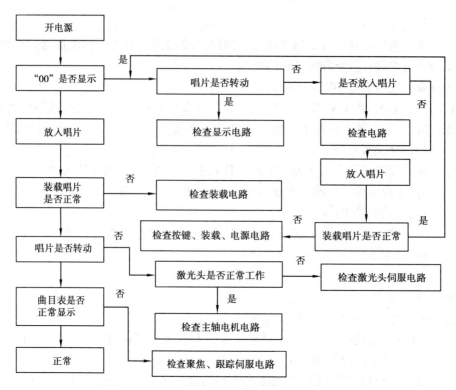

图 4.10　CD 播放器故障检修步骤

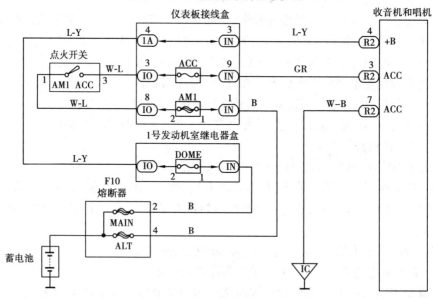

图 4.11　CD 播放器电路

　不要使用普通录音机的清洁剂或防静电防护剂。

④更换另一个 CD 并重新检查。用正常的 CD 更换有问题的 CD,看相同的故障是否再次发生。其标准是:如果正常播放,说明 CD 光盘有问题;如果不正常,转到下一步骤。

⑤检查收音机自动搜台功能是否正常。执行收音机自动搜台功能,检查是否正常。其

标准是:故障消失。如果正常,检查和更换收音机总成;如果不正常,转到下一步骤。

⑥检查是否车内的温度急剧变化。其标准是:车内的温度急剧变化。注意:车内温度急剧变化会使 CD 唱机内产生结露现象,CD 可能不能播放。如果放置一段时间正常,则是由于温度变化而结露;如果放置一段时间仍不正常,则是检查和更换收音机总成。

⑦检查收音机总成(+ B、ACC、GND)(图4.12)。

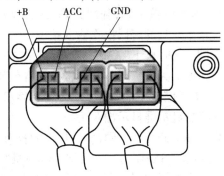

图4.12   收音机总成

检查每个工况下端子间导通情况,其标准应符合表4.1的要求。

测量每个工况下端子间的电压,其标准应符合表4.1的要求。

表4.1   端子间的电压标准

测试器连接	条 件	标准状态
端子间导通检查		
GND-车身搭铁	点火开关关闭	导通
端子间电压检查		
+ B-GND	点火开关关闭	10 ~ 14 V
ACC-GND	点火开关位于 ACC 或 ON	10 ~ 14 V

如果正常,检查和更换收音机总成;如果不正常,修理或更换线束或连接器。

3)音响解码

汽车中高档音响视听系统都具备多种防盗功能,一旦出现音响视听系统被盗或在使用和维修过程中拆下蓄电池电缆、蓄电池严重亏电、音响熔断器烧断等使系统非正常断电的现象,音响视听系统就会锁止。

必须按照正确步骤输入正确密码后,系统才能正常工作。如果多次输入错误密码,将会导致音响被永久锁止。因此一旦音响被锁,首先要找到音响密码,然后按正确的方法输入密码。

①常用解码方法

a.硬解码法。更换防盗集成块管脚某些线路,适合于固定密码的解码。

b.软解码法。即输入通用码来解除防盗。此方法不需要更改线路,主要适合于可变密码的解码。

c.断电法。某些机型只需切断防盗集成电路的电源电路即可。

d.综合法。同时使用硬解码法和软解码法。

e.解码仪解码。用电脑解码仪获得防盗密码。

②大众车系音响解码方法

A. 奥迪 A6L 音响锁止解码操作程序

首先将点火开关开启后,音响电源操纵开关置于"ON"位置,如此时音响面板内的液晶显示屏显示为"SAFE"字样,则表示该音响因某种原因被锁止(蓄电池供电中断,蓄电池电压过低或音响 BATF 电源中断)。

此种车型音响的解锁密码为 4 位数密码,利用音响装饰面板中的"AM/FM"和"SCAN"键以及 4 个预置电台存储键,兼作音响的解码操作输入按键。

例如,输入密码 1688 方法为:同时按下"AM/FM"键和"SCAN"键,按动面板操作存储键中的 1 键,观察液晶显示屏显示出 1 为止。再按动面板操作存储键中的 2 键,观察液晶显示屏显示出 6 为止。按动面板操作存储键中的 3 键,观察液晶显示屏显示出 8 为止。按动面板操作存储键中的 4 键,观察液晶显示屏显示出 8 为止。

如经以上操作输入密码正确无误后,再同时按下音响操作面板中的"AM/FM"键和"SCAN"键,观察液晶显示屏会显示"SAFE"字样后,将"AM/FM"和"SCAN"两键同时放松,稍等片刻后,音响的液晶显示屏会显示出某广播电台的频率,此时则表示该音响解锁成功,音响恢复原设计功能。

需要说明的是,如果输入的密码不是正确的密码,当输入完毕后,液晶显示屏仍然会出现"SAFE"的字样,这时则表示解码失败。如果两次解锁输入的密码均为错误密码时,则只能耐心等待 1 h 后,方可重新输入正确的密码进行解锁。

B. 帕萨特 B5 轿车音响解码方法

上海大众生产的新款帕萨特 B5 轿车的音响分为两种:一种为 Y 型,另一种为 β 型。但其音响防盗原理是一样的,解码的程序也是一样的。

a. 便捷型收放机密码系统。在此以前,每次卸下收放机或拆除蓄电池接线后均需人工取消防盗密码。有了此新的便捷型收放机密码系统后,情况发生了变化,首次将编码数字输入收放机后,它还同时储存在车辆中。

车辆供电中断后,汽车收放机会自动将其密码数字和储存在车辆中的密码加以比较。如密码相符,则在短短几秒后,收放机便可工作,不再需要人工取消电子锁定。

b. 取消电子锁定。当收放机断电后,防盗密码系统将收放机电子锁定,开机后则显"SAFE"字样。

解码程序是:开机显示屏显示"SAFE"字样;3 s 后显示屏上显示"1000";使用存台键将贴在"收放机资料卡"上的密码输入,单击"1"输入第一位,单击键"2"输入第二位,以此类推;其后搜索键可按手动调谐键,按 2 s 以上松开;如果输入的密码正确,则很快便会自动显示一个频率,此时的收放机便可工作。

③丰田车系音响解码方法

A. 丰田音响解码通用码(见表 4.2)

表 4.2　丰田音响解码通用码

车　型	通用码	车　型	通用码
LS400	512810 412923 810284 279239 334989 180824 740850 283689 241239 906743 540471 596239 769800	佳美 (CAMEY)	108431 906743 540471 034787 787410 878410 607410 054787 640392 531182

续表

车　型	通用码	车　型	通用码
ES300	840960 891440 481960	柯罗娜 （CORONA）	717542 631482 940237 824152 460371
GS300	891440 588410	亚洲龙	609533 254810 641283 366614
RS300	547219 689243 715269 838269	大霸王	108431 16803 16804 17801
丰田跑车	003254 235236	丰田吉普车	837692 405221

B. 解码方法

将点火开关至 ACC 位置。

同时按住主机的电源开关和 1、4、6 键,此时屏幕出现"SEC"。

再同时按主机的向上键"∧"和"1"键时屏幕显示"△ － － － －"。

此时,可输入通用码前 3 位数字,3 位数字分别从 1、2、3 键输入。例如,要输入 512 这 3 位数,则在"1"键按 6 次,在"2"键按 2 次,在"3"键按 3 次(即按的次数比要输入的字多 1)。此时,屏幕就会显示出"512"。

继续按住向下键"∨"和"1"键,屏幕显示:▽ － － － －。

可继续输入通用码的后 3 位数,3 位数字需分别从 1、2、3 键输入。例如,要输入 810 这 3 位数,则在"1"键按 9 次,在"2"键按 2 次,在"3"键按 1 次。此时,屏幕就会显示出"810"。按确认键"SCAN"。

此一组码已输入机内,如果输入正确,3 s 后屏幕变暗,说明主机已被解开。但如果输入错误,或输入的码无错而并不是对应该机的码,主机此时是打不开的。屏幕即显示"E1"(E1 表示已输入 1 组码机没有打开,要继续输入第二组码再试,如输入第二组仍未能打开则屏幕显示 E2,以此类推。如果连续输入五组码都未能打开,主机会自动断电关闭,这里要等 15 min 或更长一点时间,再从头试解或再用未用过的码来试解)。

特殊情况的输入方法是:当同时按下"∧"键和"1"键屏幕显示"∧ － － － －"时为特殊情况。按照上述程序 4 输入数字法输入前 3 位数,等到这 3 位数字在屏幕上消失,按照上述程序 6 的输入数字法再输入后 3 位数字。

C. 解码后重新输入新密码的方法

待机在解码后,同时按住 1、6 键,然后按 1、2、3 键分别输入你所设定的新密码(限 3 位数),输入法同上述一样。

打开点火开关(ON)位置,如果音响显示"SED"(本机的 3 位码没有锁死)时操作如下:直接按"△"键和"1"键,从 1、2、3 键输入任何码,按确认键"SCAN",然后再从 1 继续操作等到本机完全锁死。

按 1、4、6 键,按开关,这时本机可以启动。

汽车视听系统拆装与检测

📖 **实施要求**

☞任务目标与要求

• 小组成员分工协作,利用提供实训车辆,依据工作任务分析制订工作计划,并通过小组自评或互评检查工作计划。

• 对汽车视听系统进行拆装,并检测分析。

☞注意事项

• 在任务实施过程中,严格遵守相关实验实训制度和规范的要求,注意职场健康与安全需求,做好废料的处理,并保持工作场所的整洁。

📖 **实施步骤**

(1)决策

学生分组,明确各组的负责人;确定任务和每个人的工作职责,根据分工填写下表。

序 号	小组任务	个人职责(任务)	负责人

(2)计划

组长带领组内成员,查阅相关手册或指导书,制订任务计划,并检查计划有效性。

工作任务			
序号	工作步骤	工具/辅具	注意事项
1			
2			
3			
4			
5			

(3)实施

①实践准备。

场地准备	工量具准备	资料准备
6 人用实习场地 1 块,对应数量的课桌椅,黑板 1 块,实践车辆等	常用工具套件、万用表及故障诊断仪等	相关车辆维修保养手册及使用手册

②对实训车辆汽车视听系统检测,并将检测内容填入下表。

车　型		VIN 码	
操作项目			
使用诊断仪进行故障检查		正常 □　　　　不正常 □	
故障码			
根据故障码检测电路			

③分组讨论影响汽车视听系统故障的因素可能有哪些,说明其原因,并将讨论结果填入下表。

讨论项目	影响汽车视听系统的故障因素
讨论结果及原因	

📖 **评估总结**

- 回答指导教师提问,并接受指导教师的相关考核。
- 对本次任务完成过程及效果进行自我评价和小组互评。
- 清洁工作场所,清点、归还相关工具设备,完成本次任务。

序号	评估项目	自　评	互　评	教师评估
1	能按拆装工艺拆装汽车视听系统各部件			
2	能正确判断汽车视听系统线路通断			
3	能正确分析出汽车视听系统故障原因			
4	职场安全及操作规范等			
5	"5S"现场管理			
本任务实施心得：				
总体评价			教师签名	

任务4.2　导航系统检修

目标

- 能对导航系统通过常见故障进行诊断。
- 能根据故障现象选择正确检测诊断工具、检修计划。
- 能够对汽车导航系统进行故障检修。

内容

- 汽车导航系统常见故障诊断与排除。
- 常用检测诊断设备的使用。

 关联知识

活动　汽车导航系统

(1)全球卫星定位系统概述

卫星导航与定位是接收导航卫星发送的导航定位信号，并以导航卫星作为动态已知点，实时地测定运动载体的在航位置和速度，进而完成导航与定位的技术手段。

截至目前，在全球有4大卫星定位系统——美国的 GPS、欧洲的 Galileo(伽利略)、俄罗斯的 GLONASS(格洛纳斯)和中国的北斗卫星导航系统(CNSS)。GPS 是应用最广泛、技术成熟的全球卫星定位系统，目前车辆的导航与定位基本都是这一系统的应用。

GPS 是美国军方耗时 20 年、花费 200 亿美元于 1994 年建成的。它主要是由空间部分(卫星星座)、地面站(控制部分)和用户设备(GPS 接收机)组成的。

1)空间部分

空间部分由距地面 20 200 km、在 6 个轨道面上均匀布置的 24 颗卫星组成星座(图 4.13)，以 12 h 的周期环绕地球运行，使地面上任意一点在任意时刻都可同时观测到 4 颗以上的卫星。

2）地面控制部分

地面控制部分由主控站、监测站、地面天线及通信辅助系统（数据传输）组成。

3）GPS 接收机

通过复杂的计算修正,其定位精度根据需要可分为低精度（100 m 左右）、中等精度（10 m 左右）和高精度（3 m 左右）,分别为民间一般用户、民间特许用户和专为美国军方提供服务。

GPS 接收机:有各种类型,有用于航天、航空、航海的机载导航型接收机,也有用于测定定位的测量型接收机,也有普通大众使用的车载、手持型接收机。接收设备也可嵌入其他设备中构成组合型导航定位设备,如导航手机、导航相机等。

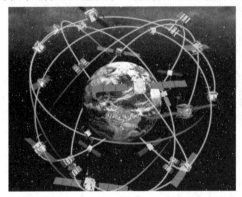

图 4.13   GPS 系统

GPS 卫星不断地发射导航电文,GPS 接收机捕获、跟踪和接收卫星信号,即可测量出接收天线至卫星的伪距离和距离的变化率,运用三维坐标中的距离公式,利用 3 颗卫星,就可组成 3 个方程式,解出观测点的位置（X,Y,Z）。

考虑到卫星的时钟与接收机时钟之间的误差,实际上有 4 个未知数,X、Y、Z 和 Δt 即卫星与接收机之间的时间差,因而需要引入第 4 颗卫星,形成 4 个方程式进行求解,从而得到观测点的经纬度和高程。因此,要知道接收机所处的位置,至少能接收到 4 颗卫星的信号。

（2）汽车导航系统功能

汽车导航系统是全球卫星定位技术应用于汽车定位导航的电子产品。来自太空的 GPS 卫星 24 h 免费向全球发送定位信号,使之成为定位导航应用中最方便廉价的信息源。该系统具有导航定位、电子地图浏览查询、语音提示、行车信息服务及提供车载娱乐等功能。

1）导航功能

在汽车导航系统上任意标注两点后,系统便会自动根据当前的位置,为车主设计最佳路线。有些系统还有修改功能,假如用户因为不小心错过路口,没有走系统推荐的最佳线路,车辆位置偏离最佳线路轨迹 200 m 以上,系统会根据车辆所处的新位置,重新为用户设计一条回到主航线路线,或为用户设计一条从新位置到终点的最佳线路。

2）电子地图

汽车导航系统都配备有电子地图,一般覆盖全国各大省会城市,功能强大的地图系统还包含了中小城市,可以随时查看目的城市的交通、建筑等情况。

3）转向语音提示功能

如果前方遇到路口需转弯,系统具有转向语音提示功能,这样可以避免走弯路。此外,可以查阅街道及其周围建筑物,甚至可能具有一些城市交通中的单行线、禁左、禁右等路况信息供查阅。

4)定位功能

通过接收 GPS 卫星信号,准确地定位出车辆所在的位置。如果装置内带有地图,就可在地图上相应的位置用一个记号标记出来。同时,还可以显示方向、海拔高度等信息。

5)测速功能

通过对 GPS 卫星信号的接收计算,可以测算出车辆行驶的具体速度。

6)显示航迹

如果去一个陌生的地方,系统带有航迹记录功能,可以记录用户车辆行驶经过的路线,误差小于 10 m,甚至能显示两个车道的区别。回来时,用户可启动它的返程功能,让它领着你顺着来时的路线返回。

7)信息检索功能

根据情况使用不同的检索功能,快速将待查地点显示在画面上。

8)娱乐功能

娱乐功能可以接收电视、播放娱乐光盘等。

(3)汽车导航系统结构原理

汽车导航系统是一种能接收 GPS 卫星信号,经过微处理器计算出车辆所在准确位置、速度和方向,并在显示器上显示出来的一种装置。

汽车导航系统的组成如图 4.14 所示。它主要由 GPS 接收天线、GPS 接收机、微处理器、车速传感器、陀螺传感器、CD-ROM 驱动器及 LCD 显示器等组成。

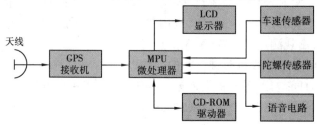

图 4.14　汽车导航系统组成

汽车导航系统主要运用 GPS 卫星导航和自律(或计算)导航相互结合的导航方式。

1)GPS 卫星导航

当 GPS 接收机同时接收到四颗以上卫星发出的信号时,经计算处理就可确定车辆的位置(经度、纬度、高度)、时间和运动状态(速度、方向)等。

2)自律(或计算)导航

当车辆驶入地下隧道、高层楼群中暂时接收不到卫星信号时,GPS 自动导入自律导航模式,由陀螺传感器检测出汽车前进方向的变化,车速传感器检测出汽车的行进速度,微处理器再根据进入自律导航状态的时间,就可确定汽车的实际位置,引导车辆行驶。

通过来自导航 CD-ROM 的电子地图信息与 GPS 卫星导航和自律导航所确定的汽车信息数据配合使用,就可在电子地图上显示出车辆的实时位置和行驶路线、方向、速度等参数。同时,系统还能对汽车行驶的路线与电子地图上道路的误差进行实时相关匹配,并做自动修正,得到汽车在电子地图上的准确位置,指示出正确行驶路线,如图 4.15 所示。

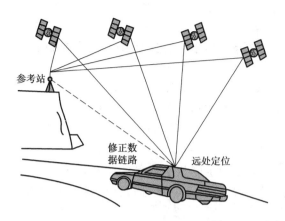

图 4.15　汽车 GPS 导航系统

(4)奥迪 A8 轿车导航系统

1)卫星导航

GPS 导航天线 R50 安装在后风窗上部,用于接受和传送 GPS 卫星导航信号(图 4.16 的序号 1)。

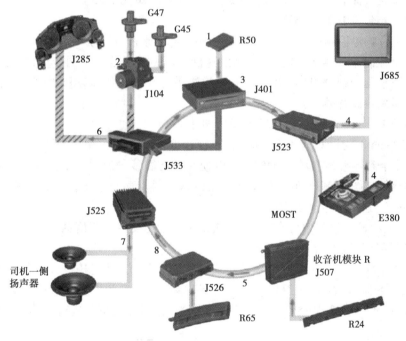

图 4.16　奥迪 A8 轿车导航系统组成

2)计算导航

奥迪 A8 轿车导航系统根据前桥位移脉冲(图 4.16 的序号 2)和摆动率(图 4.16 的序号 3)进行计算式导航。

前桥位移脉冲数是由带 EDS 的 ABS 控制单元 J104 根据左前轮转速传感器 G47 和右前轮转速传感器 G45 的信号计算出来并发送到驱动 CAN 总线上。数据总线诊断接口 J533 读取驱动 CAN 总线上的信息并将这个信息经 MOST 总线发送到导航系统控制单元 J401 上。

摆动率传感器安装在导航系统控制单元 J401 内。

3）前部信息控制单元 J523

前部信息控制单元 J523（图 4.15 的序号 4）是信息娱乐系统的主控制单元，它控制下列内容：

①通过 MMI（多媒体界面）和语音对话系统来输入目的地及选择目的地。

②在前部信息显示单元 J685 上和组合仪表的显示屏 J285 上显示导航内容。

③通过扬声器播放语音信息。

4）语音输入控制单元 J507

语音输入控制单元 J507（图 4.15 的序号 5）将已转换成数字信息的语音输入信息经 MOST 总线发送到前部信息控制单元 J523，这些信息用于输入目的地以及激活导航系统。J523 接受这些输入后来控制导航系统工作。

5）导航系统控制单元 J401

导航系统控制单元 J401（图 4.15 的序号 6）经 MOST 总线将控制下列内容：

①用于显示导航内容的信息发送到前部信息控制单元 J523，后者利用这个信息生成图像并在两个显示屏上显示出来。但地图图像的显示由导航控制单元控制。

②用于播放语音信号的信息发送到数字音响包控制单元 J525。

6）数字音响包控制单元 J525

通过数字音响包控制单元 J525（图 4.15 的序号 7）来播放导航语音说明。

导航系统控制单元 J401 将音频数据发送到 MOST 总线的一个同步传递通道内。根据前部信息控制单元 J523 的指令，数字音响包控制单元会减小娱乐功能的音量，并通过司机一侧的扬声器来播放音频数据。

7）电话/Telematik 控制单元 J526 和收音机模块 R

电话/Telematik 控制单元 J526 和收音机模块 R（图 4.15 的序号 8）将交通信息数据经 MOST 总线传送到导航控制单元 J401 上，以便在动态路线导航时考虑到交通阻塞的情况。

在显示导航地图时，交通阻塞显示成一个图形符号。而与本车行驶方向相反的方向塞车（不影响导航）这个符号显示成灰色。

另外，使用者可通过 MMI 上的"INFO"按键来显示出文字交通信息。

（5）汽车导航系统检修

以宝来轿车为例进行介绍。宝来轿车安装收音机导航系统（RNS），装备 RDS 收音机、矩阵式液晶显示器、带有 GPS 卫星接收器的导航系统、音响和导航系统 CD 驱动器。使用 V. A. G1551、V. A. G1552、VAS5051、VAS5052 等诊断仪对导航系统进行自诊断（见表 4.3）。可执行以下功能：

表 4.3　诊断仪对导航系统进行自诊断功能

查询导航控制单元版本号	功能 01
查询故障存储器	功能 02
进行执行元件诊断	功能 03
消除故障记忆	功能 05
结束输出	功能 06

续表

读取测量数据块	功能 08
自适应	功能 10

1)查询故障存储器(见表4.4)

表4.4 查询故障存储器功能

V. A. G1551 打印结果	可能的故障原因	可能的影响	故障排除
00862 导航天线(GPS) R50/R52 断路/短路 对地短路	• 导线断路 • 导航天线(GPS)损坏	• 导航功能不正常	• 读取测量数据块 • 按电路图检查导线 • 检查导航天线(GPS),必要时进行更换
01311 数据总线无信息 无信号 对地短路	• 导线损坏 • RNS 损坏 • 音响系统(DSP)损坏	• 音响系统(DSP)功能不正常	• 读取测量数据块 • 按电路图检查导线
65535 控制单元损坏	• RNS 损坏	• RNS 功能不正常	• 更换 RNS
00625 车速信号(GALA) 没有信号	• 车速传感器损坏 • 车速传感器导线损坏 • 组合仪表损坏 • RNS 损坏	• 导航部分没有功能	• 读取测量数据块 • 按电路图检查导线 • 进行组合仪表自诊断,必要时更换组合仪表 • 更换 RNS
00668 接线柱 30 的电压 信号太弱 如果启动机运行超过 10 s,也会存储该故障	• 蓄电池电压低于 9.5 V • 蓄电池不能充电 • 蓄电池损坏 • 发电机损坏 • 个别用电设备开关打开	• 收音机没有功能或功能不全 • 导航功能不正常	• 读取测量数据块 • 检查蓄电池,必要时充电或更换 • 检查发电机,关闭所有不需要的用电设备
00854 组合仪表上收音机频率显示输出无法通信	• 导线断路 • RNS 损坏 • 组合仪表损坏	• RNS 和组合仪表之间无数据传递 • 组合仪表上的显示屏显示不正常	• 读取测量数据块 • 按电路图检查导线 • 进行仪表板自诊断,更换仪表板 • 更换 RNS

2)测量数据块(见表4.5)

表4.5　测量数据块

显示组:001			
显示区	描　　述	V. A. G1551 显示	故障排除
1	来自车速表的车速信号	"1"或"0" 前车轮转动时,显示值必寻在 0 ~ 1 变化	• 目视检查线路 • 检查相关电路的插接件安装是否正确 • 如果上述操作过程中显示屏的显示内容没有变化,则应更换零件 • 清除故障存储器 • 再次查询故障存储器
2	供电电压	约等于蓄电池电压	
3	收音机照明变光百分比	关闭照明灯:0% 打开照明灯:用亮度控制开关进行亮度无级控制,根据控制位置显示:20%~95%	
4	S 触电输入状态	S 触点开:显示"ON" S 点电关:显示"OFF"	

显示组:002			
显示区	描　　述	V. A. G1551 显示	故障排除
1	倒车灯开关输入状态	"Rev. OFF" 没有挂倒挡齿轮 "Rev. ON" 挂倒挡齿轮	• 目视检查线路 • 检查相关电路的插接件安装是否正确 • 如果上述操作过程中显示屏的显示内容没有变化,则应更换零件 • 清除故障存储器 • 进行功能检查 • 再次查询故障存储器
2	接线柱 15 输入状态	"Term 15 ON" 接线柱 15 给 RNS 供电 "Term 15 OFF" 点火开关打开,但接线柱 15 不给 RNS 供电	

显示组:003			
显示区	描　　述	V. A. G1551 显示	故障排除
1	GPS 接收器供电状态	"GPS-Aer"	• 目视检查线路、检查相关电路的插接件安装是否正确 • 如果上述操作过程中显示屏的显示内容没有变化,则应更换零件 • 清除故障存储器 • 进行功能检查 • 再次查询故障存储器
2	供电电压是否正常	"OK"(正常)或"not OK"(不正常)	

续表

显示组:004			
显示区	描　述	V. A. G1551 显示	故障排除
1	组合仪表第二显示屏	"显示电话号码"	• 目视检查线路 • 检查相关电路的插接件安装是否正确 • 如果上述操作过程中显示屏的显示内容没有变化,则应更换零件 • 清除故障存储器 • 进行功能检查 • 再次查询故障存储器
2	组合仪表第二显示屏连接状态	"OK"或"not OK"	

显示组:005			
显示区	描　述	V. A. G1551 显示	故障排除
1	数据总线通信	"数据总线" "Data BUS"	• 目视检查线路 • 检查相关电路的插接件安装是否正确 • 如果上述操作过程中显示屏的显示内容没有变化,则应更换零件 • 清除故障存储器 • 进行功能检查 • 再次查询故障存储器
2	数据总线通信是否正常	"OK"(正常)或"not OK"(不正常)	

显示组:006			
显示区	描　述	V. A. G1551 显示	故障排除
1	左侧脉冲信号发射器	"Left(左)"	• 目视检查线路 • 检查相关电路的插接件安装是否正确 • 如果上述操作过程中显示屏的显示内容没有变化,则应更换零件 • 清除故障存储器 • 进行功能检查 • 再次查询故障存储器
2	左侧速(km/h)	"km/h" 显示车速,取决于左侧车轮转动的有多快	
3	右侧脉冲信号发射器	"Right"(右)	
4	右侧速度(km/h)	"km/h" 显示车速,该处永远显示"0 km/h"	

操作活动

汽车导航系统故障检测

📖 实施要求

☞任务目标与要求

- 小组成员分工协作,利用提供实训车辆,依据工作任务分析制订工作计划,并通过小组自评或互评检查工作计划。

- 对汽车导航系统进行综合故障检测与分析。

☞注意事项

- 在任务实施过程中,严格遵守相关实验实训制度和规范的要求,注意职场健康与安全需求,做好废料的处理,并保持工作场所的整洁。

📖 实施步骤

(1)决策

学生分组,明确各组的负责人;确定任务和每个人的工作职责,根据分工填写下表。

序 号	小组任务	个人职责(任务)	负责人

(2)计划

组长带领组内成员,查阅相关手册或指导书,制订任务计划,并检查计划有效性。

工作任务			
序号	工作步骤	工具/辅具	注意事项
1			
2			
3			
4			
5			

(3)实施

①实践准备。

场地准备	工量具准备	资料准备
6 人用实习场地 1 块,对应数量的课桌椅,黑板 1 块,实践车辆等	常用工具套件、万用表及故障诊断仪等	相关车辆维修保养手册及使用手册

②对实训车辆驾驶员导航系统进行检测,并将检测内容填入下表。

车　型	VIN　码	
操作项目		
汽车导航系统常规检查	正常 □	不正常 □
检测是否有故障码	有故障码 □　　　　　正常 □ 故障码:	
汽车导航系统电路检测		

③分组讨论汽车导航系统出现故障可能有哪些,说明其原因,并将讨论结果填入下表。

讨论项目	影响汽车导航系统故障因素
讨论结果及原因	

📖 **评估总结**

- 回答指导教师提问,并接受指导教师的相关考核。
- 对本次任务完成过程及效果进行自我评价和小组互评。
- 清洁工作场所,清点、归还相关工具设备,完成本次任务。

序号	评估项目	自　评	互　评	教师评估
1	能正确使用工具读取导航系统故障码			
2	能正确判断导航系统线路通断			
3	能正确分析出导航系统故障原因			
4	职场安全及操作规范等			
5	"5S"现场管理			
本任务实施心得:				
总体评价			教师签名	

习 题 4

一、选择题

1.奥迪 A6L 信息娱乐系统各控制单元之间的数据传递是通过（　　　）总线来进行通信的。

    A. CAN 总线　　　　　B. LIN 总线　　　　　C. MOST 总线　　　　　D. Flexray 总线

2.汽车音响系统哪个部件决定着车内音响性能？（　　　）

    A. MP3 播放器　　　　B. CD 播放器　　　　C. 放大器　　　　　D. 扬声器

3.甲技师说在拆卸、检查和安装中手不要触及镜头透镜。技师乙说在检修时，不能用眼睛直视激光光路的方法来确定激光是否接通。两位技师哪位说得对？（　　　）

    A. 甲对　　　　　　B. 乙对　　　　　　C. 甲乙都对　　　　　D. 甲乙都错

4.全球 4 大卫星定位系统中,（　　　）是应用最广泛、技术成熟的全球卫星定位系统。

    A. 美国的 GPS　　　　　　　　　　　　B. 中国的北斗卫星导航系统（CNSS）

    C. 欧洲的 Galileo（伽利略）　　　　　　D. 俄罗斯的 GLONASS（格洛纳斯）

5.GPS 定位系统中,三维定位最少需要几颗卫星？（　　　）

    A.4 颗　　　　　　B.5 颗　　　　　　C.6 颗　　　　　　D.7 颗

二、简答题

1.简述帕萨特 B5 轿车音响解码方法。

2.简述汽车导航系统的结构原理。

3.试分析奥迪 A8 轿车导航系统输入输出信号。

| 情境 5 | 汽车中央门锁与防盗系统检修 |

- 能正确描述汽车中央门锁与防盗系统的组成及各部件的作用。
- 能了解汽车中央门锁及防盗系统的工作原理。
- 能正确使用维修手册,根据故障现象和检查项目,对汽车中央门锁与防盗系统的故障进行分析和排除。
- 能运用所学知识对汽车中央门锁与防盗系统综合故障进行分析和判断,制订排故流程并完成故障排除任务。

 **情境导入**

故障现象:

一辆奥迪 A6 轿车,行驶里程为 2 万 km,汽车中控门锁系统失灵,并且防盗系统也不起作用。

故障分析:

此故障为汽车中控门锁与防盗系统常见故障,要排除该故障,应根据汽车中控门锁与防盗系统的组成及工作原理对其进行故障诊断。

汽车中控门锁与防盗系统具体功能如下:

- 中央控制门锁:所有门锁都可以通过驾驶员侧门上的门锁用钥匙打开或关闭。
- 单独控制门锁:除中央控制以外,乘员也可利用各自车门上的按钮来开关车门。
- 安全功能:钥匙将车门门锁锁住后拔出钥匙,门锁开关不能开门。
- 钥匙占用预防功能:钥匙插入点火开关未拔下情况时车门会自动打开,以防止钥匙被遗忘在车内。
- 不用钥匙动作功能:门锁锁止延时功能。
- 儿童安全锁止功能:按下儿童安全锁止按钮后,车门只能从外面打开。

- 阻止进入和移动车辆的防盗:机械及中控防盗报警系统。
- 阻止启动发动机的防盗:无钥匙进入后断油断电。
- 网络式卫星定位跟踪防盗:通过卫星定位跟踪车辆。

中控锁能起到开门、关门的作用,由主驾驶室门控制其他3个门。防盗器可用遥控控制开关车门,自动落锁,断电断油等功能,防盗车门随关,车辆进入防盗状态,若有人碰车报警,以及恐吓他人等功能。

为完成汽车中控门锁与防盗系统的上述功能,汽车中控门锁与防盗系统通常应包括:

- 中控门锁控制部分:通过机械或电子方式对门锁及行李箱锁进行控制。
- 中控门锁执行部分:根据控制部分命令进行工作。
- 防盗 ECU 及传感器:传感器收集外界信息反馈 ECU,ECU 进行处理后对执行机构发布命令。
- 防盗执行机构:中控门锁系统、燃油及点火系统等。

根据汽车中控门锁与防盗系统的组成结构特点,汽车中控门锁与防盗系统故障的原因可能有以下方面:

- 机械系统:零部件损坏。
- 控制系统:传感器、ECU、电气线路。

任务 5.1　中央门锁系统检修

目标

- 能正确描述汽车中央门锁系统的组成及各部件的作用。
- 能简单叙述汽车中央门锁系统的工作原理。
- 能掌握汽车中央门锁系统的故障诊断方法。
- 会检测并分析、判定汽车中央门锁系统各元件的性能好坏。
- 能分析、诊断汽车中央门锁系统的故障。

内容

- 对汽车中央门锁系统进行检查、维护、检测及拆装。
- 根据检测结果分析故障原因,并排除。

关联知识

活动　中央门锁控制系统检修

　　现代轿车采用的中央门锁控制系统采用集中控制方式控制所有车门、尾门及油箱盖一起上锁或开锁,并具有钥匙禁闭安全功能。所有车门的门锁可通过驾驶室侧门上钥匙或无线遥控钥匙来操纵达到同时开闭功能。如果点火钥匙仍在锁内,即使已执行了锁门操纵,所有的车门也不会上锁,以防止点火钥匙忘记在车内。对于无线遥控中央门锁,是在主点火钥匙(遥控器)内设有转发器,其发出的微弱无线电波信号进入汽车车内的接收器,然后再进入车身 ECU、驾驶员车门 ECU 和前排乘员 ECU,最终达到遥控车门锁的锁止和解锁的目的。下面以奥迪 A6 为例介绍无线遥控中央门锁控制系统的组成与工作。

(1)中央门锁控制系统的组成

奥迪 A6 中央门锁控制系统为无线遥控中央门锁,能以中控方式将所有车门、尾门和油箱盖上锁或开锁,同时还具有安全防盗功能及防盗报警功能。其每个车门锁有两个电机,第一个电机是用来锁住车门的,第二个电机起防盗安全功能,即汽车从外部上锁后(通过车门锁或遥控器),从车内用开门把手无法打开车门,从而增大了盗贼破窗而入偷盗汽车的难度。每个行李箱锁和油箱盖锁只有一个电机。另外,如果触发了安全气囊控制单元,则有一个电子信号传到中央门锁控制单元,从而得以实现全部车门门锁打开功能。

电子控制的中央门锁控制系统包括信号输入装置、电子控制单元和执行器 3 个部分。

1)信号输入装置

①遥控发射器(主钥匙)

如图 5.1 所示,遥控发射器(主钥匙)向汽车车内的电子接收器发射密码信号。它发射的信号为微弱无线电波。

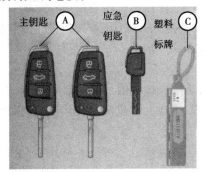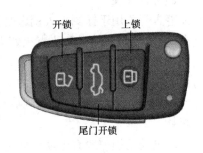

图 5.1　奥迪 A6 遥控发射器

②中央门锁控制开关

中央门锁控制开关一般安装在驾驶员侧车门内侧的扶手上,如图 5.2 所示。它是将驾驶员的锁车门或开车门锁的意愿告诉中央门锁 ECU。操作时,用中央门锁开关从车内上锁时无法在车外打开车门或尾门,但是激活了中央门锁防盗安全功能时,中央门锁开关即失效。

③钥匙控制开关

钥匙控制开关安装在门锁锁芯的内端。其作用是探测是否有用钥匙锁车门或打开门锁的要求,并将此要求告诉中央门锁 ECU。

④门控开关

门控开关也称门控灯开关、车门微开开关,安装在汽车车门的门框上。其作用是探测车门的开、闭状态,并将车门状态信号送给中央门锁 ECU。当车门开启时,此开关接通;反之,断开。

⑤门锁开关

门锁开关安装在门锁总成内。其作用是检测车门的开、闭状态。当车门开启时,此开关接通;反之,断开。

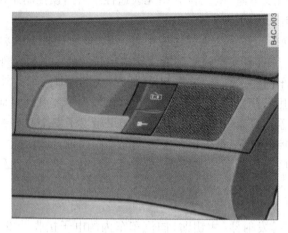

图5.2　门锁控制开关

⑥钥匙开锁警告开关

钥匙开锁警告开关用于探测点火钥匙是否插在点火开关锁芯内,并将此信号送给ECU,以便实现点火钥匙防遗忘功能(防止点火钥匙被锁在车内)。

2)中央门锁控制单元(ECU)

中央门锁控制单元位于驾驶员座椅的下方,是用来接收信号输入装置送来的信号,并将这些信号进行处理,然后发出指令,控制执行机构,实现上锁或开锁及其他控制功能。

3)执行机构

执行机构即电动门锁一般有电动机和电磁铁两种形式。奥迪A6采用电动机形式,用来直接控制车门锁的打开与关闭。

(2)中央门锁系统检修

奥迪A6无线遥控中央门锁控制系统具有自诊断功能。如果系统元件产生故障,相应的故障代码就储存在控制单元故障存储器中。用大众专用诊断仪V. A. G1551、VAS5051或其他诊断仪可读出故障码进行检修。

连接故障诊断仪,选择"46"进入中央门锁控制系统,可完成以下自诊断功能:

01——查询中央门锁控制单元的版本;

02——查询故障代码;

03——执行元件诊断;

05——清除故障代码;

06——结束输出;

07——控制单元编码;

08——读测量数据块;

10——匹配。

1)功能02——查询故障代码

选择02功能可查询有无故障代码。表5.1为奥迪A6中央门锁故障代码表。

表 5.1　奥迪 A6 中央门锁故障代码表

故障代码及内容	可能的故障原因	故障排除
00668　端子 30 电压不足	蓄电池放电或电路故障	蓄电池充电或检查电路
00849　点火开关 D 上 S 端子	导线内部对地短路或触点损坏	检查电路
00947　行李箱遥控开关	导线对地短路或开关损坏	检查电路或更换开关
00951　行李箱开启电机	导线对地短路或开启电机损坏	检查电路或更换开启电机
00952　司机车门打开信号	导线短路	按电路图检查电路
00955　钥匙 1 超过自适应极限	钥匙未适配;钥匙在射程以外开启 200 次以上	适配钥匙
00956　钥匙 2 超过自适应极限		
00957　钥匙 3 超过自适应极限		
00958　钥匙 4 超过自适应极限		
00991　车内照明	导线短路	检查电路
01141　行李箱盖开关	导线对地短路或开关 E165 损坏	检查电路或更换开关
01366　通过碰撞信号	安全气囊控制单元已触发;安全气囊控制单元与中央门锁控制单元间短路	清除故障代码、检查电路
01368　行李箱盖开关	非法开启行李箱盖或行李箱接触开关 F218 损坏	清除故障代码或更换 F218
01369　发动机罩开关	非法开启发动机罩盖或发动机罩开关 F218 损坏	清除故障代码或更换 F218
01371　司机车门接触开关	非法开启驾驶员侧车门或车门接触开关 F2 损坏	清除故障代码或更换开关
01374　点火开关 15 端子	非法启动车辆;接线柱 30 和 15 之间短路	清除故障代码;检修电路
01389　行李箱开关 F124	导线短路或行李箱开关损坏	检查电路或更换开关
01482　中央门锁电机	导线短路;中央门锁电机损坏	检查电路或更换门锁电机
01557　司机门锁内接触开关	导线断路;接触开关 F241 损坏	检查电路;更换接触开关
01558　司机门锁内接触开关	导线对地短路;接触开关损坏	检查电路;更换接触开关
01559　司机车门锁	车门锁机械故障;电路故障	检查电路;更换司机车门锁
01560　副司机车门锁	车门锁机械故障;电路故障	检查电路;换副司机车门锁
01561　左后车门锁	车门锁机械故障;电路故障	检查电路;更换左后车门锁
01562　右后车门锁	车门锁机械故障;电路故障	检查电路;更换右后车门锁
01563　司机侧车门锁止开关	导线短路;开关损坏	检查电路;更换开关
01564　司机侧车门开锁开关	导线短路;开关损坏	检查电路;更换开关
01565　行李箱照明灯	导线短路;行李箱灯损坏	检查电路;更换行李箱灯

续表

故障代码及内容	可能的故障原因	故障排除
01568 自动开启信号	导线短路	按电路图查寻故障
01569 自动关闭信号	导线短路	按电路图查寻故障
01570 接线柱15的断路延迟	导线对地短路	按电路图查寻故障
01572 乘员侧车门接触开关	非法打开乘员侧车门;车门接触开关 F3 损坏	清除故障代码;更换损坏开关 F3
01573 左后车门接触开关	非法打开左后车门;车门接触开关 F10 损坏	清除故障代码;更换 F10 开关
01574 右后车门接触开关	非法打开右后车门;车门接触开关 F11 损坏	清除故障代码;更换开关
01585 副司机车门锁接触开关	导线对地断路;接触开关 F242 损坏	按电路图查寻故障 更换接触开关 F242
01586 司机车门锁接触开关	导线对地短路;接触开关 F242 损坏	
65525 控制单元损坏	中央门锁控制单元故障	更换控制单元

2)功能03——执行元件诊断

执行元件诊断功能可依次触发下述元件:

①警报信号闪光灯。

②警报系统闪光灯,以检查碰撞信号。

③中央门锁指示灯。

④中央门锁关闭。

⑤车门安全锁止功能。

⑥中央门锁打开。

通过观察上述各元件的工作状况来判断各元件的性能好坏。

3)功能07——控制单元编码

如果 V.A.G1551 显示的代码不对或安装了一个新的控制单元,应按表5.2所述的方法进行编码。

表5.2 中央门锁控制单元编码表

项 目	编 码	
	无防盗报警	有防盗报警
中央门锁基本代码	4672	4682
中央门锁安全装置(SZV)	4676	4686
行李箱自动锁上(如果车运动)	4688(有 SZV 为 4692)	4698(有 SZV 为 4702)
车速高于 40 km/h 时,车门自动上锁	4704(有 SZV 为 4708)	4714(有 SZV 为 4718)

4）功能08——读测量数据块

读取奥迪 A6 中央门锁数据流显示内容及含义见表5.3。

表 5.3　测量数据块一览表

屏幕显示	显示区	含　义	显示内容
读取测量数据块 001	1	驾驶员车门钥匙开关	auf(开);zu(关);unbetat(不工作)
	2	驾驶员车门锁上	verriegeln(锁上);unbetat(不工作) entriegelt(打开)
	3	驾驶员车门反馈 1	verrieg.(锁上);entrieg.(打开)
	4	驾驶员车门反馈 2	safe(安全);n. safe(不安全)
读取测量数据块 002	1	副驾驶员车门钥匙开关	auf(开);zu(关);unbetat(不工作)
	3	副司机车门反馈 1	verrieg.(锁上);entrieg.(打开)
	4	副司机车门反馈 2	safe(安全);n. safe(不安全)
读取测量数据块 003	1	右后车门反馈 1	verrieg.(锁上);entrieg.(打开)
	2	右后车门反馈 2	safe(安全);n. safe(不安全)
	3	左后车门反馈 1	verrieg.(锁上);entrieg.(打开)
	4	左后车门反馈 2	safe(安全);n. safe(不安全)
读取测量数据块 004	1	驾驶员车门接触开关	Tur auf(车门开);Tur zu(车门关)
	2	副驾驶员车门接触开关	Tur auf(车门开);Tur zu(车门关)
	3	右后车门接触开关	Tur auf(车门开);Tur zu(车门关)
	4	左后车门接触开关	Tur auf(车门开);Tur zu(车门关)
读取测量数据块 005	1	行李箱盖钥匙开关	auf(开);zu(关);unbetat(不工作)
	2	行李箱盖接触开关	Klappe auf(盖打开);Klappe zu(盖关上)
	3	行李箱盖遥控开启装置	auf(开);zu(关);unbetat.(不工作)
	4	行李箱盖开启装置	auf(开);unbetat.(不工作)
读取测量数据块 006	1	车内灯	ein(接通);aus(断开)
	2	接线柱 15 延迟(逻辑继电器)	Relais　Ein(继电器接通); Relais　Aus(继电器断开)
	3	自动开/关	auf(开);zu(关);unbetat(不工作)
	4	行李箱灯	ein(接通);aus(断开)
读取测量数据块 007	1	遥控器:钥匙号	0 ~ 4
	2	遥控命令 0100	offnen(打开);schlieβen(关闭); Heck(行李箱盖);Panik(安全)
	3	自适应钥匙位置	1(已自适应);0(未自适应)

5）功能10——适配新的遥控钥匙

①检查已编码的遥控钥匙。关闭点火开关,连接故障阅读仪 V. A. G1551;打开点火开关(用副钥匙)。在测量数据块 007 中,检查已适配了几把钥匙。屏幕显示:

读取测量数据块	7	
0	0000	1100

显示区 3 显示在哪些存储位置适配了几把钥匙(示例中是在位置 1 和 2 适配了两把钥匙)。

②在车外用将要适配的车钥匙锁上司机车门锁。5 s 内按下遥控钥匙上的"offnen"键,直到达到下一个存储位置(示例中 3 次)。每次按下由警报闪光灯认可,等待 5 s,再次按下键"offnen",将车门打开。

③关闭点火开关,拔下点火钥匙。检查新遥控钥匙的功能。在测量数据块 007 中,检查显示区 3。显示区 3 中,应增加一个"1"(示例中应为 1110)。

📖 实施要求

☞任务目标与要求

• 小组成员分工协作,利用提供实训车辆,依据工作任务分析制订工作计划,并通过小组自评或互评检查工作计划。

• 对中央门锁系统进行机械与电路检测并分析。

☞注意事项

• 在任务实施过程中,严格遵守相关实验实训制度和规范的要求,注意职场健康与安全需求,做好废料处理,并保持工作场所的整洁。

📖 实施步骤

（1）决策

学生分组,明确各组的负责人;确定任务和每个人的工作职责,根据分工填写下表。

序 号	小组任务	个人职责（任务）	负责人

（2）计划

组长带领组内成员,查阅相关手册或指导书,制订任务计划,并检查计划有效性。

工作任务			
序号	工作步骤	工具/辅具	注意事项
1			
2			
3			
4			
5			

(3)实施

①实践准备。

场地准备	工量具准备	资料准备
6人用实习场地1块,对应数量的课桌椅,黑板1块,实践车辆等	常用工具、故障诊断仪、万用表、试灯等	相关车辆维修保养手册及使用手册

②对汽车中央门锁系统认识及进行故障检测、排除,并填写下表。

车　型		VIN　码	
项　目	标准值		实际值
检查中央门锁保险			
门锁电机上锁信号			
检查BCM电源及接地线路			

③分组讨论中控锁失效的因素可能有哪些,说明其原因,并将讨论结果填入下表。

讨论项目	中控锁失效的原因
讨论结果及原因	

📖 **评估总结**

- 回答指导教师提问,并接受指导教师的相关考核。
- 对本次任务完成过程及效果进行自我评价和小组互评。
- 清洁工作场所,清点、归还相关工具设备,完成本次任务。

序号	评估项目	自　评	互　评	教师评估
1	能正确使用故障诊断仪、万用表			
2	能读懂汽车中央门锁系统电路图			
3	能分析汽车中央门锁系统失效的原因			
4	职场安全及操作规范等			
5	"5S"现场管理			
本任务实施心得:				
总体评价		教师签名		

任务 5.2　防盗系统检修

目标
- 能正确描述汽车防盗系统的组成及各部件的作用。
- 能掌握汽车防盗系统的工作原理。
- 能掌握汽车防盗系统的故障诊断方法。
- 会检测并分析、判定汽车防盗系统各元件的性能好坏。
- 能分析、诊断汽车防盗系统的故障。

内容
- 对汽车防盗系统进行检查、维护、检测及拆装。
- 根据检测结果分析故障原因,并排除。

关联知识

活动　汽车防盗系统检修

　　汽车电子防盗控制系统是指当汽车处于防盗预警状态时,如企图不使用本车钥匙而撬开车门强制进入车内,或者非正常打开发动机罩盖、行李箱盖,或非法搬运汽车时,防盗系统会使防盗喇叭发出警告声,前大灯和尾灯会闪烁约 1 s,同时锁上所有车门,并控制发动机不能工作,从而使汽车不能启动行车,达到报警防丢的目的。

(1)电子防盗控制系统的类型

电子防盗控制系统目前按功能可分为以下 3 类:

1)防止非法进入汽车的防盗系统

其主要为红外线监视系统或各监控处防盗报警开关。在防盗系统启动时,监视是否有移动物体进入车内或非法开启各监控部位。

2)防止破坏或非法搬运汽车的防盗系统

其主要通过布置在车内的超声波传感器、振动传感器或倾斜传感器等,监测是否有人企图破坏或非法搬运汽车。

3)发动机防盗锁止控制系统

发动机防盗锁止控制系统又称防止车辆被非法开走系统,是指当不用合法钥匙启动发动机时,防盗锁止系统将起作用发出报警信号,并同时控制发动机电控系统不能工作,从而发动机不能启动行走,防止车辆被非法移动开走。

目前,奥迪 A6 轿车配备了电子防盗控制系统,包括中央门锁防盗报警系统、内部监控系统、防拖车装置及发动机防盗锁止控制系统。当防盗系统启动时,防盗系统将会监控发动机舱盖、行李箱、所有车门、点火开关、汽车内部空间及汽车是否倾斜等处,一旦有防盗报警系统认定的非正常操作,报警系统将会以声光报警,并且控制发动机熄火停转。

(2)防盗控制系统的组成及工作原理

1)奥迪 A6 发动机防盗锁止控制系统组成与工作原理

①组成:

它由带脉冲转发器的遥控钥匙、点火锁芯上的读识线圈、防盗器控制单元(与组合仪表一体)、发动机控制单元及组合仪表上的防盗警报指示灯等组成。

②基本原理:

打开点火开关后,组合仪表内的防盗控制单元通过单线传输给钥匙,钥匙获得能量输出固定码给防盗控制单元,并与防盗控制单元内的固定码比较(固定码的传输)。如果固定码一致,防盗控制单元随机产生一组变码传输给应答钥匙,在钥匙内经过算式 A 运算后将结果发给防盗控制单元,返回的结果与防盗控制单元本身按算式 A 计算的结果比较(可变码的传输);如果两者计算结果相同,防盗控制单元将发送信号给发动机控制单元,这时发动机控制单元也会随机产生一组变码,这组变码传输给防盗控制单元,这时防盗控制单元会按算式 B 进行计算,再将结果传输给发动机控制单元,由发动机控制单元按算式 B 计算出的结果比较(可变码的传输)。如结果一致,则发动机控制单元允许启动;如果核对后代码不一致,发动机将在启动后 2 s 内熄灭,停止工作。

2)奥迪 A6 防盗报警系统组成与工作原理

①组成

奥迪 A6 防盗报警系统包括中央门锁防盗控制系统(图 5.3)与内部监控控制系统(图 5.4)。它主要由信号输入装置(传感器)、控制单元和执行器 3 部分组成。

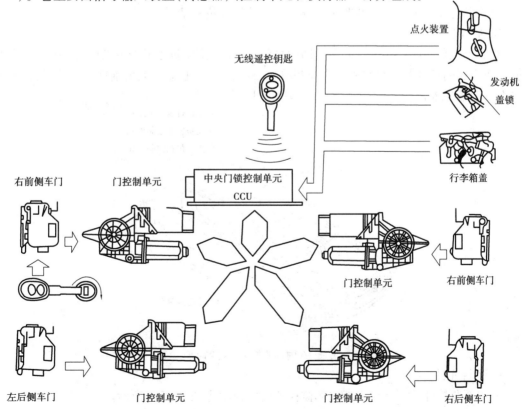

图 5.3 中央门锁防盗报警控制系统

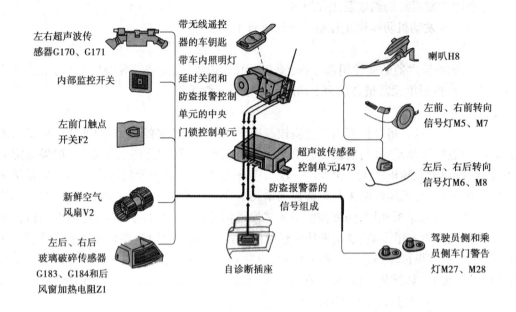

图 5.4　奥迪 A6 内部监控系统组成

A. 传感器

传感器包括超声波传感器、发动机机舱盖报警开关、行李箱盖开关、车门开关等。用来探测是否发生非法进入汽车或非法打开汽车各监控部位的情况。

B. 控制单元

控制单元包括防盗报警控制单元即中央门锁控制模块（防盗报警控制单元、中央门锁电动机、车内照明灯延时关闭共用一个控制单元，装在超声波控制单元的前面）、超声波控制单元（装在行李舱左内侧）。其安装位置如图 5.5 所示。

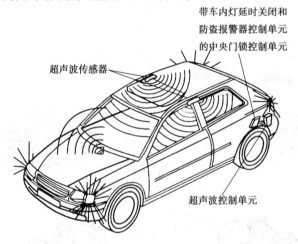

图 5.5　奥迪 A6 内部监控电子控制单元位置图

C. 执行元件

a. 内部监控开关。能够中断内部监控器的监控功能，如图 5.6 所示。

图 5.6　内部监控开关

A—内部监控开关;B—防牵引控制开关

b.防盗警报器信号喇叭。防盗警报器信号喇叭发出声音警报,声音警报与可见转向信号警报交替发出。

c.转向信号灯。防盗报警器触发报警时,防盗警报器控制单元接通转向信号灯电路,发出闪光信号(闪烁)。

d.警报灯。警报灯是发光二极管,由超声波控制单元触发,闪烁频率表示内部监控系统的状态,也可用作自诊断辅助指示灯。

②基本原理

防盗报警系统被激活时,防盗报警控制单元(中央门锁控制模块)将直接监控收音机(奥迪原装收音机装置)、所有车门、发动机盖和行李箱盖等处,同时位于左右 B 柱上部装饰板内的超声波传感器将监视侧窗(汽车内部空间),并将监视信号传至超声传感器控制单元。如果超声波传感器的监视信号有波动,超声波传感器控制单元将通过防盗报警系统控制单元发出警报;如用非法钥匙开门,以及撬动发动机盖、行李箱盖等处,防盗报警控制单元也会直接控制声光报警。

(3)电子防盗系统的检修

1)发动机防盗锁止控制系统的检修

奥迪 A6 发动机防盗锁止控制系统具有自诊断功能,其与中央门锁控制系统功能基本相同。下面仅以读取数据流与适应匹配为例介绍,其他功能不再赘述。

①奥迪 A6 发动机故障代码及内容

奥迪 A6 防盗锁止系统的故障码、故障原因及排除方法见表5.4。

表 5.4　奥迪 A6 发动机防盗锁止控制系统的自诊断故障码

故障代码及内容	故障原因	故障现象	故障排除方法
65535　控制单元	控制单元损坏	发动机不能启动且警告灯亮	更换组合仪表
01128　防盗器读识线圈	读识线圈插头未插入或读出线圈损坏;防盗器控制单元损坏	发动机不能启动,警告灯闪	检查插头和读出线圈,或更换读出线圈;清除故障存储器或更换组合仪表

续表

故障代码及内容	故障原因	故障现象	故障排除方法
01176　钥匙信号太弱	读识线圈或导线损坏;钥匙内脉冲转发器丢失或不工作	发动机不能启动,警告灯闪	检查读出线圈、导线和插头或更换读出线圈;更换钥匙并适配所有点火钥匙
01176　钥匙未适配	点火钥匙可插入锁内但未适配	发动机不能启动,警告灯闪	对所有点火钥匙进行适配,并检查功能
01177　发动机控制单元	发动机控制单元未适配;W线断路或短路	发动机不能启动,警告灯闪	进行发动机控制单元自适应;按电路图检查W线
01179　钥匙程序编制不对	点火钥匙匹配不正确	警告灯快速闪动(每秒2次)	输入密码适配所有点火钥匙并检查功能

②功能08——读取测量数据块

进入解码器的基本功能,按"0"和"8"键选择"读取测量数据块",依次输入各显示组号,所选测量数据块按将标准形式显示。测量数据块显示组22—23显示的内容及含义见表5.5。

表5.5　数据流显示表

显示组号	显示区	内　容	含　义
022	1	发动机启动	1=可以启动;2=不可以启动,即钥匙未适配或适配错误,或发动机控制单元编码错误或损坏
	2	发动机控制单元应答	1=有应答;2=无应答,即发动机控制单元导线有故障
	3	钥匙状况	1=正常;2=不正常,即不能读出正确的脉冲转发器固定码
	4	已经适配的钥匙数	最多8把
023	1	可变码适配	1=已完成;2=未完成,也就是可变码未适配(钥匙可变码计算规则与仪表的不同)
	2	钥匙计算规则过户	1=未过户;0=已完成
	3	固定码适配	1=已进行;2=未进行,也就是钥匙的脉冲转发器固定码未适配

③功能10——自适应匹配(钥匙的匹配)

a. 连接 VAG1551/VAS5051,打开点火开关,输入地址码 17,进入仪表板系统。

b. 输入地址码 02,读取故障码,再输入地址码 05 清除故障码。

c. 输入地址码 11,选择"系统登录"功能。

d. 输入防盗密码。

e. 登录成功。

f. 输入地址码 10,进入"匹配"功能。

g. 进入"21"通道,确认。

h. 输入将要匹配的钥匙数,包括插在点火锁上的钥匙,最多 8 把。

2)防盗报警系统的检修

①防盗报警系统的电路图

奥迪 A6 内部监控系统电路如图 5.7 所示。

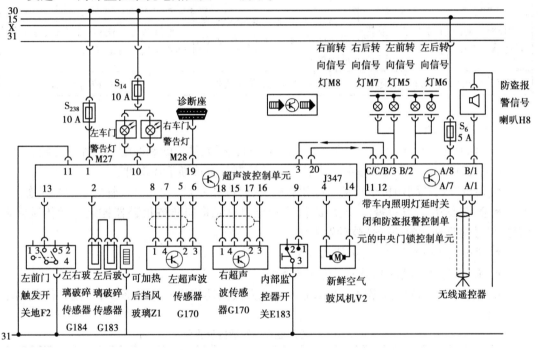

图 5.7　奥迪 A6 内部监控系统电路总图

②奥迪 A6 防盗报警系统的自诊断

A. 系统故障码及排除方法

奥迪 A6 内部监控防盗报警系统的自诊断故障码及含义见表 5.6。

表 5.6　奥迪 A6 内部监控防盗报警系统的自诊断故障代码

故障代码及内容	故障原因	故障排除
01377　左侧超声波传感器	传感器与计算机间线路短路或断路;传感器损坏	检查电路;更换传感器
01378　右侧超声波传感器	传感器与计算机间线路短路或断路;传感器损坏	检查电路;更换传感器;检测功能
01379　内部监控系统开关	E183 和 J347 间导线;E183 损坏	检查电路;更换 E183

续表

故障代码及内容	故障原因	故障排除
01380　左后防盗警报装置传感器发出警报	试图从左后车窗进入车内或功能检测后因误操作而启动警报	清除故障代码;功能检查;进行传感器灵敏度自适应
01381　通过右后防盗警报装置传感器发出警报	试图从右后车窗进入车内或功能检测后因误操作而启动警报	清除故障代码;功能检查;进行传感器灵敏度自适应
01382　通过左前防盗警报装置传感器发出警报	试图从左前车窗进入车内或功能检测后因误操作而启动警报	清除故障代码;功能检查;进行传感器灵敏度自适应
01383　通过右前防盗警报装置传感器发出警报	试图从右前车窗进入车内或功能检测后因误操作而启动警报	清除故障代码;功能检查;进行传感器灵敏度自适应
65535　中央门锁控制单元损坏	中央门锁控制单元故障	更换控制单元

B. 自诊断功能

自诊断功能类似中央门锁控制系统,下面只对执行元件诊断和匹配功能作一介绍。

a. 功能03——执行元件诊断。在执行元件诊断时可诊断下述部件:

● 司机车门和副司机车门锁止按钮旁的警报灯(指示灯)发光二极管处于发光状态。

● 防盗报警:触发报警器、超声波传感器控制单元将向防盗报警器控制单元传送警报信号,信号喇叭和转向信号灯被触发工作。

● 超声波传感器供电线:电压为 8 V。

● 超声波传感器脉冲信号线:电压为 5 V。

b. 功能08——读取数据流。数据流的读取方法同防盗锁止控制系统,只是具体数据不同,见表5.7。

表 5.7　内部监控系统数据流显示

屏幕显示	显示区	含　义	显示内容
读取测量数据块1 1　　2　　3　　4	1	开关位置	内部监控系统开关:1 = 已按下,0 = 未按下
			司机车门接触开关:1 = 车门开,0 = 车门关
			防盗警报系统:1 = 启动,0 = 未启动
	2	传感器灵敏度	玻璃碎裂传感器(仅指旅行车):1 = 有,0 = 无 50% ~100%
	3、4	未使用	

📖 **实施要求**

● 任务目标与要求

● 小组成员分工协作,利用提供实训车辆,依据工作任务分析制订工作计划,并通过小组自评或互评检查工作计划。

- 对汽车防盗系统进行机械与电路检测并分析。
- 注意事项
- 在任务实施过程中,严格遵守相关实验实训制度和规范的要求,注意职场健康与安全需求,做好废料的处理,并保持工作场所的整洁。

📖 实施步骤

(1)决策

学生分组,明确各组的负责人;确定任务和每个人的工作职责,根据分工填写下表。

序　号	小组任务	个人职责(任务)	负责人

(2)计划

组长带领组内成员,查阅相关手册或指导书,制订任务计划,并检查计划有效性。

工作任务			
序号	工作步骤	工具/辅具	注意事项
1			
2			
3			
4			

(3)实施

①实践准备。

场地准备	工量具准备	资料准备
6 人用实习场地 1 块,对应数量的课桌椅,黑板 1 块,实践车辆等	常用工具、故障诊断仪、万用表、试灯等	相关车辆维修保养手册及使用手册

②对汽车防盗系统认识及进行故障检测、排除,并填写下表。

车 型		VIN 码	
操作项目			
使用诊断仪进行故障检查		正常 □	不正常 □
故障码			
根据故障码检测电路			

③分组讨论汽车防盗系统失效的原因可能有哪些,并将讨论结果填入下表。

讨论项目	防盗系统失效的原因
讨论结果及原因	

📖 **评估总结**

- 回答指导教师提问,并接受指导教师的相关考核。
- 对本次任务完成过程及效果进行自我评价和小组互评。
- 清洁工作场所,清点、归还相关工具设备,完成本次任务。

序号	评估项目	自 评	互 评	教师评估
1	能正确使用故障诊断仪、万用表			
2	能读懂防盗系统电路图			
3	能分析防盗系统失效的原因			
4	职场安全及操作规范等			
5	"5S"现场管理			
本任务实施心得:				
总体评价			教师签名	

习 题 5

一、选择题

1.电子控制的中央门锁控制系统包括 3 部分:信号输入装置、电子控制单元和(　　　)。

    A.执行器　　　　　　　B.控制器　　　　　　　C.门锁总成　　　　　　　D.ECU

2.以下哪个系统不属于电子防盗控制系统功能?(　　　)

    A.防止非法进入汽车的防盗系统　　　　　B.防止破坏或非法搬运汽车的防盗系统

    C.电子控制防盗系统　　　　　　　　　　D.发动机防盗锁止控制系统

3.目前奥迪 A6 轿车配备了电子防盗控制系统,包括中央门锁防盗报警系统、内部监控系统、(　　　)及发动机防盗锁止控制系统。

    A.防止非法进入汽车的防盗系统　　　　　B.防拖车装置

    C.电子控制防盗系统　　　　　　　　　　D.发动机防盗锁止控制系统

4.中控门锁系统中的门锁控制开关用于控制所有门锁的开关,安装在(　　　)。

    A.驾驶员侧门的内侧扶手上　　　　　　　B.每个门上

    C.门锁总成中　　　　　　　　　　　　　D.防盗控制器中

二、简答题

一辆无任何防盗措施的奥迪 A6 要求安装防盗系统,现有防盗 ECU 一套(有防盗喇叭、车门、发动机等相应连接端子),请分析怎么安装在车辆上。

情境 6 汽车电动车窗与电动后视镜系统检修

- 能正确描述汽车电动车窗的组成及各部件的作用。
- 能了解汽车电动车窗的工作原理。
- 能正确使用维修手册,根据故障现象和检查项目,对汽车电动车窗的故障进行分析和排除。
- 能运用所学知识对汽车电动车窗综合故障进行分析和判断,制订排故流程,并完成故障排除任务。
- 能正确描述汽车电动后视镜的组成及各部件的作用。
- 能了解汽车电动后视镜的工作原理。
- 能正确使用维修手册,根据故障现象和检查项目,对汽车电动后视镜的故障进行分析和排除。
- 能运用所学知识对汽车电动后视镜综合故障进行分析和判断,制订排故流程,并完成故障排除任务。

 情境导入

故障现象:

一辆 2006 款的本田雅阁轿车,行驶里程为 2 万 km,最近在汽车使用过程中,车主会遇到车窗偶尔不能升降,同时无法对后视镜进行调节。

 故障分析:

造成电动车窗不能工作一般来讲有两个原因:一是电路故障,即配电设施或用电器故障所致。配电设施或用电器包括开关、保险丝、继电器、搭铁接点等;二是门窗机械传动机构卡滞或润滑不良,导致门窗不能运动。

要排除电动车窗的这些故障,应根据汽车电动车窗系统的组成及工作原理,对汽车电动

车窗系统进行故障诊断。

现代汽车对车窗的舒适性和便捷性要求越来越高,电动车窗已经越来越多地成为汽车的通用配置,可以对车门车窗进行手动、自动升/降玻璃,车窗锁止、防夹、延时,门锁联动功能,以及分别控制车窗等。汽车电动车窗通常都具备以下功能:

- 手动升/降:当电动车窗开关按向手动位置(如一半位置)时,按着车窗开关,车窗玻璃会升/降;松开车窗开关,玻璃会自动停止。
- 自动升/降:当电动车窗开关按向自动位置(极限位置)时,按一下,车窗玻璃会自动升/降到极限位置。中途玻璃不会自动停止,除非出现卡滞或人为在操作开关。
- 分别控制车窗:驾驶室侧和乘员车窗开关分别控制车窗升降。
- 车窗锁止:操作"车窗锁止"功能后,除驾驶员车窗外,所有车窗玻璃升降功能失效。
- 电动车窗的智能功能:防夹、延时及门锁联动。

为完成电动车窗的上述功能,汽车电动车窗通常应包括:

- 升降机:用以升降玻璃。
- 电动机:用以驱动玻璃升降器。
- 控制电路:用以通过电路、开关等电器件控制车窗玻璃升降。

根据电动车窗的组成结构特点,电动车窗故障的原因可能有以下方面:

- 机械系统:玻璃升降机、导槽变形、机械传动机构卡滞或润滑不良。
- 控制系统:配电设施或用电器包括开关、保险丝、继电器、搭铁接点。

汽车电动后视镜是用来改善汽车舒适性的设备,属于汽车重要安全件,也是汽车驾驶员的第二只眼睛。它主要有以下功能:记忆存储功能、自动折叠功能、加热除霜功能、自动调节功能、自动防眩目、测距和测速,等等。通常汽车电动后视镜都具备以下功能:

- 自动折叠:将整车的宽度缩小。
- 记忆存储功能:根据驾驶员身高不同进行记忆存储位置。
- 加热除霜:防止结霜后视镜看不见路面。
- 自动调节:根据路况自动调节到合适的位置。
- 自动防眩目:防止反光影响驾驶员驾驶。

根据汽车电动后视镜的组成结构特点,汽车电动后视镜故障的原因可能有以下方面:

- 电路控制系统:蓄电池、电动机、控制开关、熔丝。
- 机械系统:调整开关、镜片、外壳及连接件。

任务 6.1　电动车窗检修

目标

- 能正确描述汽车电动车窗的组成及各部件的作用。
- 能了解汽车电动车窗的工作原理。
- 能叙述汽车电动车窗的故障诊断方法。

- 会检测并分析判定汽车电动车窗各元件的性能好坏。
- 能分析、诊断汽车电动车窗的故障。

内容

- 对汽车电动车窗进行检查、维护、检测及拆装。
- 根据检测结果分析电动车窗故障原因,并排除。

活动 电动车窗机械及控制系统检修

(1)电动车窗的认识

现代汽车电动车窗系统由车窗、车窗玻璃升降器、电动机、继电器、开关及 ECU 等装置组成。其具体零部件位置如图 6.1 所示。

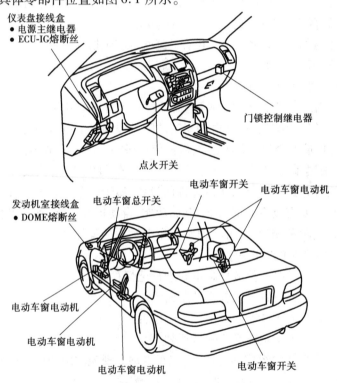

图 6.1 汽车电动车窗零部件安装位置

其中,玻璃升降器系统是电动车窗的主要部件。根据机械升降机构不同的工作原理,玻璃升降器可分为:绳轮式、叉臂式和软轴式 3 种形式。

1)绳轮式电动玻璃升降器

绳轮式电动玻璃升降器由滑轮、钢丝绳、张力器及张力滑轮等组成,如图 6.2 所示。它通过驱动电动机拉动钢丝绳来控制门窗玻璃的升降,可用于各种圆弧玻璃的车型中,但安装空间要求较大,主要用于玻璃圆弧较小的中高档轿车和高档面包车中。

2)交叉臂式玻璃升降器

叉臂式电动玻璃升降器主要由扇形齿板、玻璃导轨和调节器等组成,如图 6.3 所示。扇形齿板利用驱动电动机的棘轮进行转动,使玻璃沿导轨作上下移动,主要用于玻璃圆弧较大的载货汽车、面包车及中低档轿车。

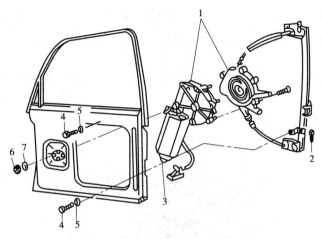

图 6.2　绳轮式电动玻璃升降器

1—升降器总成；2—橡胶缓冲块；3—电动机；4—六角螺栓；

5—垫圈；6—六角螺母；7—蝶形弹簧垫圈

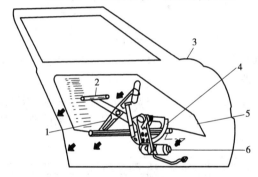

图 6.3　交叉臂式电动玻璃升降器

1—调整杆；2—支架和导轨；3—车门；4—驱动齿扇；5—车窗玻璃；6—电动机

3）软轴式电动玻璃升降器

软轴式电动玻璃升降器可用于各种玻璃圆弧的车型中，如图 6.4 所示。但是，其运行噪声较大，主要用于玻璃圆弧适中的面包车和中低档轿车。

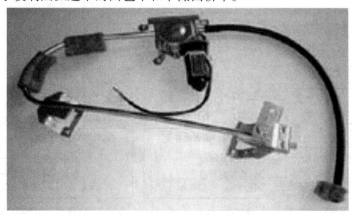

图 6.4　软轴式电动玻璃升降器

最常用的玻璃升降器是绳轮式和叉臂式两种。设计中,是采用交叉臂式机构,还是绳轮式机构,主要是由玻璃曲率、升降空间、制造精度及成本等因素决定的。

4) 控制开关

控制开关由主控开关、分控开关等组成,如图 6.5 所示。电动车窗控制系统中,主控开关用于驾驶员对电动车窗系统进行总的操纵,一般安装在左前车门把手上或变速杆附近;分控开关安装在每个车门的中间或车门把手上,用于乘客对车窗进行操纵。

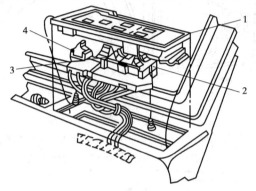

图 6.5　电动门窗主控开关

1—外壳总成;2—主控开关;3—锁止开关;4—中央控制门锁开关

(2)电动车窗工作原理

现代汽车电动车窗工作原理如图 6.6 所示。前门具有一键升降带防夹的功能,所以 BCM 直接控制前门开关和前门电机,从而实现一键升降和防夹控制;后门电动机不具有一

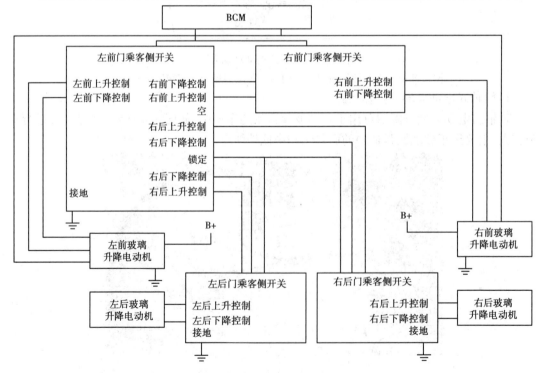

图 6.6　电动车窗工作原理

键升降带防夹的功能,所以没有与 BCM 相连。左侧驾驶侧的开关除了可控制自己的车窗升降,还可控制其他 3 个车窗的升降,并可锁定电动车窗的升降,这样设计便于驾驶员对车辆的整体控制。其他 3 个门的开关都只具有控制自身车窗玻璃升降的功能。

1)控制开关工作原理

如图 6.7 所示,当点火开关打开,按下主控开关接通电动车窗电路,电流通过蓄电池、保险丝、主控开关、分控开关、电动机、分控开关、主控开关,然后接地形成回路驱动升降机上下运动。

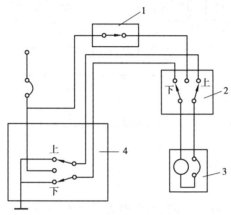

图 6.7   电动升降门窗的"主控开关""分控开关"和"点火开关"的控制关系
1—点火开关;2—分控开关;3—电动机;4—主控开关

如图 6.7 所示当点火开关打开,按下分控开关接通电动车窗电路,电流通过蓄电池、保险丝、分控开关、电动机、分控开关、主控开关,然后接地形成回路驱动升降机上下运动。

由以上开关线路工作原理分析可知,主、分控开关都能控制玻璃升降,也就是驾驶员侧和乘员侧的开关都可以控制电动车窗玻璃升降。

2)自动升降电动车窗的工作原理

如图 6.8 所示为自动升降电动车窗的控制电路。当点火开关处于 ON 位置时,电动车窗主继电器工作,触点闭合,给电动车窗电路提供了电源,车窗可随时进入工作状态。要使车窗自动完全关闭,将开关彻底拉起,驾驶员侧的"UP"信号被输入 IC,同时一个"AUTO"信号也被输入 IC。因为 IC 内部有定时电路,当"自动上升"信号被输入时,定时器电路开始工作,通过定时器电路使 Tr_1 和 Tr_2 导通。此时有电流流过 UP 继电器线圈,电流为:蓄电池正极—Tr_1—UP 继电器线圈—Tr_2—搭铁,线圈中产生磁场,使得继电器的触点由 A 点切换到 B 点。这时,电动车窗电动机通电,具体电路流向为:蓄电池正极—UP 继电器触点 B—电动机—DOWN 继电器触点 B—搭铁—蓄电池负极,构成闭合电路,电动机工作,使车窗上升。因为定时电路保持 Tr_1 和 Tr_2 导通的时间有 10 s,所以即使开关被松开后电动机也能继续转动。如果驾驶员侧车窗完全关闭,并且 IC 检测到来自电动车窗电动机的速度传感器和限位开关的锁止信号,或者定时器电路关闭,电动车窗电动机将停止转动。当需要车窗完全打开时,驾驶员将开关按到底,IC 内部的定时电路使 Tr_1 和 Tr_3 导通后,电动机中有反向电流流过而使车窗打开。

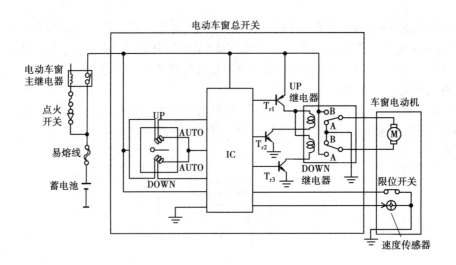

图6.8 自动升降电动车窗控制电路

(3)电动车窗的检修

1)车窗不能升降故障的检测方法

①检测电路熔断器

如果全车所有的门窗升降都无动静,应首先检测电路熔断器。用试灯或电压表检测电路熔断器两边的电压。如果两边都有电压,则电路熔断器是好的;如果电路熔断器的输入端有电压而输出端没有,则该电路熔断器坏了;如果电压没有加到电路熔断器的输入端上,则蓄电池供电回路开路了。

②检测电动机

断开电动机的线束连接器,线束连接器只有两个端子。将其中的一个端子用一根跨接线接蓄电池的正极,而将另一个端子用一根线搭铁:如果电机旋转,把跨接线对调,当极性反过来后,该电动机应反转。如果电动机在一个或两个方向上都不旋转,则电动机有故障,应维修或更换。

③检测主开关

如果电动机正常运转,故障出在控制电路。为此要检测主开关,在主开关端子1和端子2之间接试灯,如图6.9所示。

当主开关在(OFF)关闭位置时,试灯应点亮;如果试灯不亮,则到主开关的电路或主开关搭铁电路有断路。

检查搭铁端子4的连接是否可靠。如果很好,则继续检测。

如果试灯在跨接端子1和端子2时点亮,此时把开关设置到"Up"挡,试灯应熄灭。在端子1和端子3之间重复这样的检测,此时要把开关设置到"Down"挡。

④检测接触电阻、检查机械传动机构

如果车窗的升降速度比正常情况时慢,表明存在接触电阻或机械连杆机构有故障。这时,可采用检测电压降的方法,查找产生接触电阻的原因:接触电阻可能存在于开关电路、搭铁回路或电机中。例如,搭铁点锈蚀或开关接触点松动、有间隙,都会产生附加电阻,造成接触不良故障。

如果是机械故障,则应检查连杆机构有无弯曲、卡滞或障碍干涉。

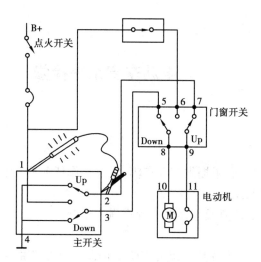

图 6.9　检测主控开关的试灯连接方法

2）故障原因分析

汽车车窗玻璃升降器工作不良,包含两方面的内容:电路故障或机械传动故障。

①电路故障

A.故障现象

玻璃升降器不工作。当点火开关置于"ON"位,玻璃升降器全部或某个不工作。

B.故障原因

电源电路故障,保险丝熔断、电动机损坏、开关损坏、传动系统卡滞。

C.故障排除

若全部不工作,应检查电源电路;先查电源,再查搭铁、保险丝。

若部分电机或只有某电机不工作,则应检查该部分的电路、开关、电机,可用短路法逐渐确定故障元件。必要时,拆下电机检查,或直接接通 12 V 电源进行试转。若电机转动,则该电机没问题,若电机不转,则更换电机。

故障诊断时,可结合电路图,先熟悉电路连接的特点。若打开开关,电机皆没声响、没动作,应先检查电源的供电情况;若个别门窗不动作,可直接查该门窗电机,再查该门窗电路及其相关配电元件。

②机械故障

A.故障现象

打开开关,开关和电机都有动作声响,即电路良好、电动机正常,升降器不动作。

B.故障原因

通常是机械故障造成的,如钢丝拉绳断开、跳槽,滑动支架断裂,或支架的传动钢丝夹松动移位。

C.故障排除

打开车门内饰,拆检玻璃升降器,排查卡滞点,润滑传动机构或更新故障件。

通过故障原因分析,查找相关技术资料和咨询,确定故障部位或部件后,就可制订维修方案,按照技术要求和操作规程实施任务,排除故障,恢复汽车车窗的技术状态。

操作活动

电动车窗系统检修

📖 **实施要求**

☞任务目标与要求

- 小组成员分工协作,利用提供实训车辆,依据工作任务分析制订工作计划,并通过小组自评或互评检查工作计划。

- 对汽车电动车窗的线路及电器件进行检测并分析。

☞注意事项

- 在任务实施过程中,严格遵守相关实验实训制度和规范的要求,注意职场健康与安全需求,做好废料的处理,并保持工作场所的整洁。

📖 **实施步骤**

(1)决策

学生分组,明确各组的负责人;确定任务和每个人的工作职责,根据分工填写下表。

序　号	小组任务	个人职责(任务)	负责人

(2)计划

组长带领组内成员,查阅相关手册或指导书,制订任务计划,并检查计划有效性。

工作任务:			
序号	工作步骤	工具/辅具	注意事项
1			
2			
3			
4			
5			

(3)实施

①实践准备。

场地准备	工量具准备	资料准备
6人用实习场地1块,对应数量的课桌椅,黑板1块,实践车辆等	常用工具、故障诊断仪、万用表、试灯等	实践相关车辆维修保养手册及使用手册

②对电动车窗线路及电器件进行下述检测,并将检测内容填入下表。

车　型		VIN 码	
项　目	正常		不正常原因
电路熔断器			
电动机			
开关及线路检测			

③分组讨论电动车窗升降电路的因素可能有哪些,说明其原因,并将讨论结果填入下表。

讨论项目	影响电动车窗升降电路的因素
讨论结果及原因	

📖 **评估总结**

- 回答指导教师提问,并接受指导教师的相关考核。
- 对本次任务完成过程及效果进行自我评价和小组互评。
- 清洁工作场所,清点、归还相关工具设备,完成本次任务。

序号	评估项目	自　评	互　评	教师评估
1	能正确使用故障诊断仪器、试灯、万用表			
2	能读懂电动车窗电路图			
3	能分析电动车窗升降不正常的原因			
4	职场安全及操作规范等			
5	"5S"现场管理			
本任务实施心得:				
总体评价			教师签名	

任务6.2　电动后视镜检修

目标

- 能正确使用万用表、故障诊断仪等工具对电动后视镜进行检查和维护。
- 能对电动后视镜的故障进行正确的判断、分析和排除。

内容

- 对汽车电动后视镜进行检查、维护、检测及拆装。
- 根据检测结果分析故障原因,并排除。

关联知识

活动　电动后视镜检修

(1)汽车电动后视镜的功能与类型

1)电动后视镜的功能

目前,中高档汽车上使用较多的是电动后视镜。其功能主要有以下5个方面:

①后视镜的记忆存储功能

每个驾驶员可根据个人身高与驾驶习惯的不同,以及座椅及转向盘的最佳舒适性来调节后视镜的最佳视角,然后进行记忆存储。

当其他人驾驶汽车后,或被他人调整已记忆的视角后,由于存储的信息存在,驾驶员都可以非常轻松地开启记忆存储功能,使所有内在设施恢复至最佳设定状态。

②后视镜的加热除霜功能

有的后视镜增设了加热除霜功能,如采用了电加热除霜镜片,驾驶员可开启加热除霜功能,清洁镜面的积雾、冬天积霜和雨水等。

③后视镜的自动折叠功能

该功能可防擦伤及缩小停车泊位空间,保证在后视安全性上把损害程度降低到最小限度。有的后视镜设计成为电动折叠方式,驾驶员在车内就可方便地调节。

④带刮水器、洗涤器的后视镜

有些后视镜增设了刮水器和洗涤器,用于刮去外后视镜上的雨、雪、泥浆及灰尘等,可以在各种情况下清晰地观察到汽车外部情况。

⑤具有测距和测速功能的后视镜

为提高视认性而安装的测距和测速用后视镜。驾驶员可通过这种特殊的后视镜,看清后面跟随而来的车辆的距离,并估计出其行驶的速度,保证汽车安全行驶。

2)电动后视镜的类型

现代汽车的后视镜大都为电动的,由电气控制系统来操纵。其分类方式主要有以下4种:

①按安装位置分类

按安装位置分类,后视镜可分为内后视镜、外后视镜和下视镜3种。

内后视镜安装在汽车驾驶室内部,供驾驶员观察和注视车内后部乘员或物品的情况。现在多数轿车采用电动外后视镜,而对于内后视镜仍采用传统的方式。

②按后视镜的镜面形状分类

按后视镜的镜面形状分类,后视镜可分为平面镜、球面镜和曲率镜3种。

另外,还有一种棱形镜,其镜表面平坦,截面为棱形,通常用作防眩目的内后视镜。

③按反射膜材料分类

按制镜时涂用的反射膜材料分类,可分为铝镜、铬镜、银镜及蓝镜4种。

④按调节方式分类

按后视镜的调节方式分类,可分为车外调节和车内调节两种。两者在结构上有较大的差别。

A.车外调节式。

车外调节式是在车停止状态下,通过用手直接调节镜框或镜面位置的方式来完成的调节。一般的大型汽车、载货汽车和低档客车都采用车外调节方式。

B.车内调节式。

车内调节式是指驾驶员在行驶中调节后视镜。中高档轿车大都采用车内调节方式。该方式又分为手动调节式(钢丝索传动调节或手柄调节)和电动调节式两种。电动调节式后视镜是目前中高档轿车普遍采用的标准装备。

(2)汽车电动后视镜的组成与原理

1)电动后视镜的组成

电动后视镜主要由永磁式电动机、传动机构和控制开关等组成。每个后视镜都有两套驱动装置,由电动后视镜开关进行操纵。其中一个电动机和传动机构用于后视镜水平方向的转动,另一个电动机和传动机构则用于后视镜垂直方向的转动。

后视镜的结构和典型开关如图6.10所示。它主要以枢轴为中心,由使后视镜能上下、左右方向灵活变换位置的两个独立的微电动机、永久磁铁和霍尔集成电路等构成。根据霍尔集成电路产生的信号电压,可对后视镜的所在位置进行检测。

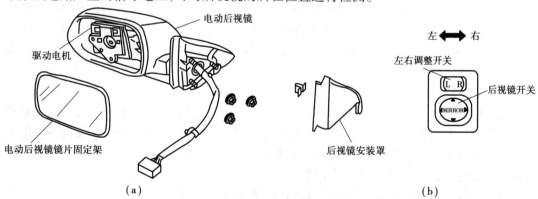

图6.10 电动后视镜的结构和控制开关示意图

有的汽车的电动后视镜还带有可伸缩功能,由后视镜伸缩开关控制电动机工作,驱动伸缩传动装置带动后视镜收回和伸出。

有的汽车的后视镜控制电路具有存储功能,它由驱动位置存储器、回复开关和位置传感器等组成。上述操作功能的数据可自动存储在存储器中,如果需要,可直接将存储器中存储的数据调出使用。

2）电动后视镜的工作原理

如图 6.11 所示为电动后视镜控制系统的基本原理。当控制开关向下扳时,触头 B 与触头 D、C 及 E 分别相通,电流经电源→触头 E→触头 C→电动机→触头 B→触头 D→接地,电动机即转动使后视镜作垂直方向运动;当开关向上扳时,触头 B 与 E,C 与 D 分别接触,电流经电源→触头 E→触头 B→电动机→触头 C→触头 D→接地,由于流过电动机的电流发生改变,因此电动机反方向转动,后视镜作水平方向运动。

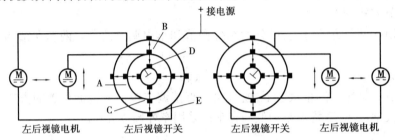

图 6.11　电动后视镜控制系统的基本原理图

下面以北京现代索纳塔轿车和本田雅阁轿车的电动后视镜电路为例,说明电动后视镜控制电路的工作原理。

①北京现代索纳塔轿车电动后视镜电路

如图 6.12 所示为北京现代索纳塔轿车的双后视镜控制电路。如图 6.13 所示为其电动后视镜的开关及其连接器的端子图。每个后视镜都用一个独立的开关控制。操纵开关能使一个电动机单独工作,也可使两个电动机同时工作。

电路分析如下:首先说明电动后视镜开关中用实线框和虚线框分别表示操作时总开关内部的联动情况。在这里只讨论一侧后视镜中一个电动机的工作情况。若要调节左后视镜垂直方向的倾斜程度,按下"升/降"按钮。

A."升"的过程

实线框"升/降"开关中的箭头开关均和"升"接通。此时,电流的方向为:电源→熔断丝 30→开关端子 3→"升右"端子→选择开关中的"左"→端子 7→左电动后视镜连接端子 8→"升/降"电动机→端子 6→开关端子 5→升 1→开关端子 6→搭铁,形成回路。这时,左后视镜向上倾斜。

B."降"的过程

实线框"升/降"开关中的箭头开关均与"降"接通。此时,电流方向为:电源→熔断丝 30→开关端子 3→降 1→开关端子 5→左电动后视镜连接端子 6→"升/降"电动机→左电动后视镜连接端子 8→开关端子 7→选择开关中的"左"→"降左"端子→开关端子 6→搭铁,形成回路。这时,后视镜向相反的方向倾斜。

电动后视镜左右运动的电路分析与此类似,此处不再赘述。

②本田雅阁轿车电动后视镜控制电路(带除霜器)

如图 6.14 所示为本田雅阁轿车电动后视镜的控制电路,下面以左侧后视镜为例简单分析其工作过程。此电动后视镜开关中上面的 4 个开关为共用的后视镜方向调节开关,下面两个开关为控制左侧或右侧电动后视镜的联动分开关。

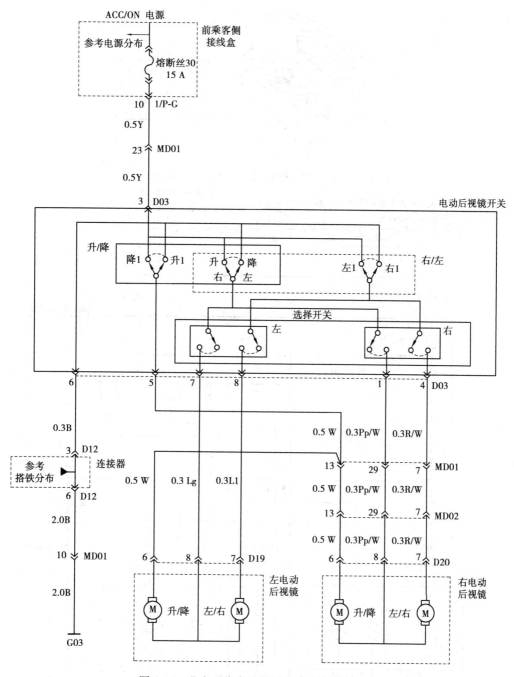

图6.12 北京现代索纳塔轿车电动后视镜电路

A. 左侧后视镜向下倾斜

如图6.14所示的电路,首先将电动后视镜开关中下面的联动分开关按至"左"位置,然后按"下"。此时,电路的电流方向为:蓄电池+→熔断丝22和23→点火开关→熔断丝30→电动后视镜开关端子6→联动开关"下"的左端→左侧后视镜开关→电动后视镜开关端子9→左电动后视镜"上下"调节电机→电动后视镜开关端子2→左侧后视镜开关→联动开关"下"的右端→搭铁,左侧后视镜实现向下倾斜。

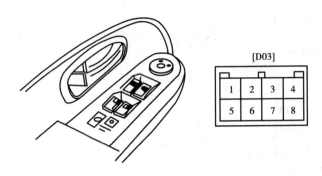

图 6.13　电动后视镜开关及其连接器的端子图

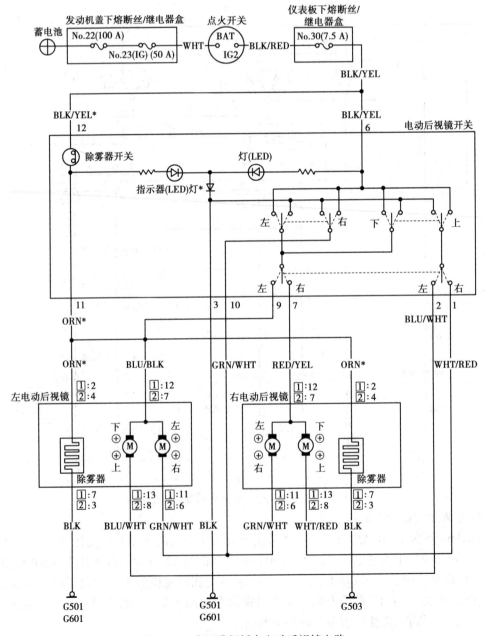

图 6.14　本田雅阁轿车电动后视镜电路

B.左侧电动后视镜向上倾斜

此时,电动后视镜开关中下面的联动开关依然在"左"的位置,按下"上",电流的流向为:蓄电池＋→熔断丝22和23→点火开关→熔断丝30→电动后视镜开关端子6→联动开关"上"的右端→左侧后视镜开关→电动后视镜开关端子2→左电动后视镜"上下"调节电机→电动后视镜开关端子9→左侧后视镜开关→联动开关"上"的右端→搭铁,左侧后视镜实现向上倾斜。

电动后视镜左右运动的电路分析与此类似,此处不再赘述。

有的电动后视镜还带有伸缩功能,由伸缩开关控制伸缩电动机工作,使整个后视镜回转伸出或缩回。丰田皇冠轿车可伸缩式电动后视镜控制系统电路图如图6.15所示。

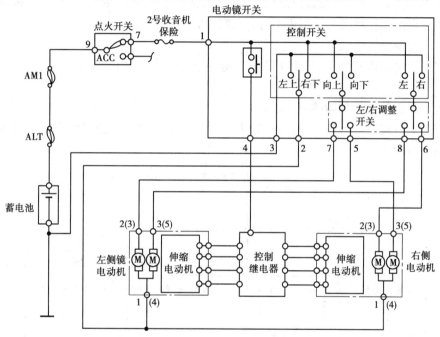

图6.15 丰田皇冠轿车可伸缩式电动后视镜控制系统电路图

在进行调整时,首先通过左/右调整开关选择好要调整的后视镜,如调整左镜时,开关打向左侧,此时开关分别与7、8接点接通,再通过控制开关即可进行该镜的上下或左右调整。如果进行向上调整时,可将控制开关推向上侧,此时控制开关分别与向上接点、左向上接点结合。电路由蓄电池正极→熔断器→点火开关→控制开关向上接点→左/右调整开关→7接点→左侧镜上下调整电动机→1接点→电动镜开关2接点→控制开关左上接点→电动镜开关3接点→蓄电池负极,形成回路,左镜上下调整电动机运转,完成调整过程。其他调整过程与向上调整过程类似,通过接通不同的开关即可完成。

电动后视镜的伸缩是通过电动镜开关上的伸缩开关控制的,该开关控制继电器动作,使左右两镜伸缩电动机工作,来完成伸缩功能。

(3)汽车电动后视镜的检修

1)电动后视镜主要部件的检修

由于不同车型的电动后视镜组件结构不相同,因此,在维修时应针对不同的车型,确定相应的维修方法。在对电动后视镜系统进行检修之前,应进行以下检查,并确保其工作正常:

- 检查蓄电池存电是否充足,必要时应予以更换。
- 检查电动后视镜系统的各熔丝是否正常,如果熔丝熔断,应予以更换。
- 检查电动后视镜系统接地是否正常,必要时进行修理,使其接触良好。
- 检查线束插接器是否连接可靠、接触良好,必要时应进行修理或更换。

①电动后视镜开关

拆下电动后视镜,用欧姆表检查后视镜开关各端子的导通情况,应符合要求。如果开关出了故障,应该及时进行更换。

②电动后视镜执行器

拆下车门内板,断开电动后视镜插接器,用跨接线连接指定端子,观察后视镜是否正常活动。如后视镜工作状况与检测表不符,应更换后视镜组件。

③电动后视镜电动机

可直接给电动机的两端子通电(12 V 蓄电池电压),若电动机不运转,说明电动机损坏,则应更换电动机。

2)电动后视镜常见故障检修

现以别克世纪轿车为例,说明电动后视镜常见故障的检修方法。该车电动后视镜控制电路如图6.16所示。

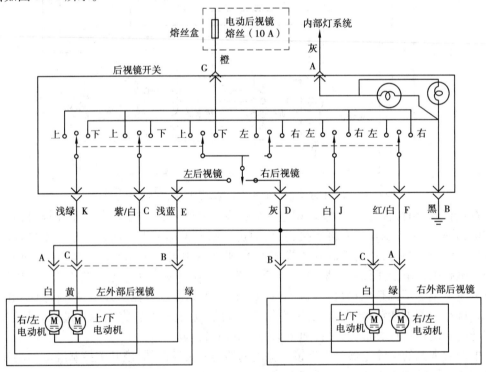

图6.16 别克世纪轿车电动后视镜控制电路图

①左右两个后视镜均不工作

a.在线束侧将试灯接在电动后视镜开关插接器的橙色线端子 G 与车身接地之间。若试灯不亮,说明电动后视镜开关插接器端子 G 与熔丝盒之间的橙色线断路,应检查并排除断路故障。

b.在线束侧将试灯接在电动后视镜开关插接器的橙色线端子 G 与黑色线端子 B 之间。若试灯不亮,说明电动后视镜开关插接器端子 B 与车身接地之间的黑色线断路,应检查并排除断路故障。

c.如果上述两种检测试灯都亮,则应检查电动后视镜开关配线连接是否正常。如果电动后视镜开关配线连接都正常,则故障在电动后视镜开关上,应更换该开关。

②一个后视镜在上下位置不工作

A.左后视镜上下位置不工作

断开左后视镜线束插接器,在线束侧将试灯接在左后视镜插接器浅绿色线端子 C(K)与车身接地之间。选择左后视镜,并将电动后视镜开关置于向上的位置,如果试灯不亮,应检查电动后视镜开关与左后视镜之间的浅绿色线是否断路。若电路连接正常,说明电动后视镜开关有故障。如果试灯点亮,则故障在电动后视镜电动机上,应更换新的后视镜电动机。

B.右后视镜上下位置不工作

断开右后视镜线束插接器,在线束侧将试灯接在右后视镜插接器紫/白色线端子 C 与车身接地之间。选择右后视镜,并将电动后视镜开关置于向上的位置。如果试灯不亮,说明电动后视镜开关与右后视镜之间的紫/白色线断路,或是电动后视镜开关有故障。如果试灯点亮,则说明电动后视镜电动机有故障,应更换新的后视镜电动机。

③一个后视镜在左右位置不工作

A.左后视镜左右位置不工作

断开左后视镜线束插接器,在线束侧将试灯接在左后视镜插接器白色线端子 A(J)与车身接地之间。选择左后视镜,并将电动后视镜开关置于向左的位置。如果试灯不亮,应检查电动后视镜开关与左后视镜之间的白色线是否断路。若电路连接正常,说明电动后视镜开关有故障。如果试灯点亮,则故障在电动后视镜电动机上,应更换新的后视镜电动机。

B.右后视镜左右位置不工作

断开右后视镜线束插接器,在线束侧将试灯接在右后视镜插接器红/白色线端子 A(F)与车身接地之间。选择右后视镜,并将电动后视镜开关置于向右的位置。如果试灯不亮,说明电动后视镜开关与右后视镜之间的红/白色线断路,或是电动后视镜开关有故障,若试灯点亮,说明电动后视镜电动机有故障,应更换新的后视镜电动机。

④一个后视镜不工作

A.左后视镜不工作

断开左后视镜线束插接器,在线束侧将试灯接在左后视镜插接器浅蓝色线端子 B(E)与车身接地之间。选择左后视镜,并将电动后视镜开关置于向左的位置。如果试灯不亮,说明电动后视镜开关与左后视镜之间的浅蓝色线断路,或是电动后视镜开关有故障。若试灯点亮,则故障在左后视镜电动机上,应更换新的左后视镜电动机。

B.右后视镜不工作

断开右后视镜线束插接器,在线束侧将试灯接在右后视镜插接器灰色线端子 B(D)与车身接地之间。选择右后视镜,并将电动后视镜开关置于向右的位置。如果试灯不亮,说明电动后视镜开关与右后视镜之间的灰色线断路,或是电动后视镜开关有故障。若试灯点亮,则故障在右后视镜电动机上,应更换新的右后视镜电动机。

(4)典型故障案例分析

1)现代索纳塔轿车电动后视镜不工作

①故障现象

北京现代索纳塔轿车电动后视镜不工作。

②故障诊断

根据上述故障现象,首先检查熔丝是否完好。接着便对位于变速杆后方中央通道上的电动后视镜开关进行检查,将开关取下并拔掉其线束插接器,打开点火开关,然后用一试灯将其一端接地,另一端逐次地对插接器各端子进行短接试验。发现当触及蓝色的导线端子时,试灯点亮。于是,将试灯的这一端子不动,用接地的一端逐次地接触各端子,以确定其供电是否正常,当接触到一个黑色地线端子时试灯发亮,从而说明该系统的电源正常。

为了确定电路中是否有断路现象,采用两根导线进行跨接:一根跨接线束插接器的绿/红导线端子与黑色导线端子;另一根跨接黄/白与蓝色导线端子。在进行试跨接时发现,左后视镜开始动作。说明电路正常,故障可能在后视镜开关。

③故障排除

将后视镜开关轻轻撬开,发现里面的印制电路板上锈迹斑斑,将其清洁后仔细地检查,发现有一段印制电路已经锈蚀。将锈蚀处进行焊接,装复后试车,故障排除。

2)别克君越 2.4 L 轿车有时左侧外后视镜上的转向指示灯和左后转向灯不亮

①故障现象

2006 款上海通用别克君越 2.4 L 轿车,转向灯工作不正常,有时左侧外后视镜上的转向指示灯和左后转向灯不亮,只有仪表上的转向指示灯和左前转向灯亮,并且闪动频率快,右侧转向灯正常。

②故障诊断

接车后验证故障现象时,发现左右两侧转向灯的闪动频率均正常,各灯泡和仪表上的转向指示灯也工作正常,但是用力开关左前门或晃动左前门时,上述故障现象会出现。

该车的转向灯操作是由转向灯开关向车身控制单元 BCM 提供左/右转向信号,BCM 根据此信号单独向左/右转向信号灯提供电源。从转向灯电路图可知,BCM 通过 JZ-43 端子同时向左后转向灯和左侧外后视镜上的转向指示灯供电。因为开关和晃动左前门时产生故障现象,所以应该重点检查车身至左前门的电路。

拆卸左前门饰板检查,未发现异常。将车身线束至左前门线束 P301 插接器从左前 A 柱内取出检查,发现插接器靠近车身侧的 D1 端子(黄色线,BCM 向左侧外后视镜供电)与左前 A 柱内侧铁皮有磨破接地现象(A 柱内侧车身钢板未做处理,边缘较锋利,线束部位也安置不当,二者有接触),开关和晃动左前门时会造成此电路间歇性接地,造成 BCM 保护功能启动,从而无供电输出,此时只有左前转向灯点亮且闪亮频率快。

③故障排除

修理破损线束并调整线束安装位置后,故障排除。

操作活动

电动后视镜检修

实施要求

☞任务目标与要求

● 小组成员分工协作,利用提供实训车辆,依据工作任务分析制订工作计划,并通过小组自评或互评检查工作计划。

● 对汽车电动后视镜电路及电器件进行检测、分析。

☞注意事项

● 在任务实施过程中,严格遵守相关实验实训制度和规范的要求,注意职场健康与安全需求,做好废料的处理,并保持工作场所的整洁。

实施步骤

(1)决策

学生分组,明确各组的负责人;确定任务和每个人的工作职责,根据分工填写下表。

序　号	小组任务	个人职责(任务)	负责人

(2)计划

组长带领组内成员,查阅相关手册或指导书,制订任务计划,并检查计划有效性。

工作任务			
序号	工作步骤	工具/辅具	注意事项
1			
2			
3			
4			
5			

(3)实施

①实践准备。

场地准备	工量具准备	资料准备
6人用实习场地1块,对应数量的课桌椅,黑板1块,实践车辆等	常用工具、万用表、故障诊断仪等	相关车辆维修保养手册及使用手册

②对汽车电动后视镜进行电路电器件检测,并将检测内容填入下表。

车　型		VIN码	
项　目	正常		不正常原因
熔断丝			
控制开关			
电动机			
插接头及连接线路			

③分组讨论汽车电动后视镜不能正常工作的原因有哪些,并将讨论结果填入下表。

讨论项目	影响汽车电动后视镜的因素
讨论结果及原因	

📖 评估总结

- 回答指导教师提问,并接受指导教师的相关考核。
- 对本次任务完成过程及效果进行自我评价和小组互评。
- 清洁工作场所,清点、归还相关工具设备,完成本次任务。

序号	评估项目	自　评	互　评	教师评估
1	能正确使用万用表			
2	能读懂汽车电动后视镜电路图			
3	能分析汽车电动后视镜不正常的原因			
4	职场安全及操作规范等			
5	"5S"现场管理			
本任务实施心得:				
总体评价		教师签名		

习 题 6

一、选择题

1. 根据机械升降机构的不同工作原理,玻璃升降器可分为 3 种形式:绳轮式、叉臂式和(　　)。

    A. 机械式   B. 软轴式

    C. 电子式   D. 杆式

2. 电动车窗中的电动机一般为(　　)。

    A. 单向直流电动机   B. 双向交流电动机

    C. 永磁双向直流电动机   D. 串励式直流电动机

3. 车窗继电器,1、3 端子间是线圈,如果用蓄电池将两端子连接,则 2、4 端子之间应(　　)。

    A. 通路   B. 断路

    C. 时通时断   D. 短路状态

4. 检查电动车窗左后电动机时,用蓄电池的正负极分别接电动机连接器端子后,电动机转动,互换正负极和端子的连接后,电动机反转,说明(　　)。

    A. 电动机状况良好   B. 不能判断电动机的好坏

    C. 电动机损坏   D. B 或 C

5. 每个电动后视镜的后面都有(　　)电动机驱动。

    A. 1 个   B. 2 个

    C. 4 个   D. 3 个

6. 电动后视镜主要由永磁式电动机、(　　)和控制开关等组成。

    A. 反光镜   B. 安装罩

    C. 传动机构   D. 后视镜壳

7. 根据驾驶员身高不同进行记忆存储位置的后视镜功能称为(　　)。

    A. 自动调节   B. 自动折叠

    C. 记忆存储功能   D. 自动防眩目

8. 汽车后视镜按安装位置分类,后视镜可分为内后视镜、(　　)和下视镜 3 种。

    A. 反光镜   B. 镜片

    C. 后视镜开关   D. 外后视镜

二、简答题

1. 一辆长安悦翔电动车窗无法升降,经检测车窗电机进出线端子有电压,请分析解释原因。

2. 结合课本分析北京现代索纳塔轿车电动后视镜电路的升降过程。

情境
7

汽车泊车辅助系统检修

- 能掌握泊车辅助系统组成以及工作过程。
- 能使用相关设备对泊车辅助系统进行诊断。
- 能通过检测数据判断泊车辅助系统的故障位置和原因。
- 能正确使用维修手册,根据故障现象和检查项目,对泊车辅助系统的故障进行分析和排除。

情境导入

故障现象:

一辆 2010 年上海大众帕萨特,行驶里程为 2.6 万 km,该车后部被追尾,车身及外观覆盖件修复后,倒车雷达和倒车影像功能全部失灵。

故障分析:

该车的倒车雷达和倒车影像系统失灵,要排除该故障,应根据汽车泊车辅助系统的组成及工作原理对其进行故障诊断。

汽车泊车辅助系统是汽车泊车安全辅助装置,能以声音或者更为直观地显示告知驾驶员周围障碍物的情况,解除了驾驶员泊车和启动车辆时前后、左右探视所引起的困扰,并帮助驾驶员扫除了视野死角和视线模糊的缺陷,提高了安全性。

汽车泊车辅助系统有倒车雷达和倒车影像技术两种,如图 7.1 所示。

倒车雷达依靠超声波回音探测距离并以通过不同频率的声音进行提示,它的显示屏仅用光标显示障碍物的方位和距离,而不能直接观察障碍物的实际状况。倒车视频影像就是在车尾安装了倒车摄像头,将车后状况显示于中控或后视镜的液晶显示屏上。倒车影像视频使车后状况一览无余,但是障碍物距离只是用模拟光标条近似表示,而没有倒车雷达距离显示精确。因此,将倒车雷达与倒车后视结合,能提供直观、精准的倒车指导,使倒车更加

184

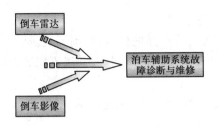

图 7.1　倒车雷达和倒车影像

安全。

倒车雷达的种类及发展历程如下：

● 第一代倒车喇叭提醒

"倒车请注意！"只要司机挂上倒挡，它就会响起，以提醒周围的人注意。这就是倒车雷达的第一代产品，现在只有小部分商用车还在使用。它对司机并没有直接的帮助，不是真正的倒车雷达。

● 第二代蜂鸣器提示

这是倒车雷达系统的真正开始。倒车时，如果车后 1.8 ～1.5 m 处有障碍物，轰鸣器就会开始工作。轰鸣声越急，表示车辆离障碍物越近。

● 第三代数码波段显示（图 7.2）

其可以显示车后障碍物离车体的距离。如果是物体，在 1.8 m 开始显示；如果是人，在 0.9 m 左右的距离开始显示。

这一代产品有两种显示方式：第一种是数码显示产品显示距离数字，第二种是波段显示产品由 3 种颜色来区别：绿色代表安全距离，表示障碍物离车体距离有 0.8 m 以上；黄色代表警告距离，表示离障碍物的距离只有 0.6～0.8 m；红色代表危险距离，表示离障碍物只有不到 0.6 m 的距离，必须停止倒车。

图 7.2　第三代数码波段显示

● 第四代液晶荧屏显示

这一代产品有一个质的飞跃，特别是荧屏显示开始出现动态显示系统。不用挂倒挡，只要发动汽车，显示器上就会出现汽车图案以及车辆周围障碍物的距离。

• 第五代魔幻镜倒车雷达

这一代倒车雷达结合了前几代产品的优点,采用了最新仿生超声雷达技术,配以高速电脑控制,可全天候准确地测知 2 m 以内的障碍物,并以不同等级的声音提示和直观地显示提醒驾驶员。

魔幻镜倒车雷达把后视镜、倒车雷达、免提电话、温度显示及车内空气污染显示等多项功能整合在一起,并设计了语音功能。

• 第六代新品功能更加强大

第六代产品在第五代的基础上新增了很多功能,是专门为高档轿车生产的。

从外观上来看,这套系统比第五代产品更为精致典雅;从功能上来看,它除了具备第五代产品的所有功能之外,还整合了高档轿车具备的影音系统,可在显示器上观看 DVD 影像。

• 第七代智能后视倒车系统(图7.3)

第七代产品结合第五代、第六代倒车雷达优点,将当今最新数码技术与光电技术结合,采用高清晰度 CCD 摄像头,TFT-LCD 液晶显示屏,并将液晶镶嵌后视镜中,不占用车内空间,直接安装在车内倒视镜的位置,而且颜色款式多样,可以按照个人需求和车内装饰选配。

图7.3 第七代智能后视倒车系统

任务7.1 倒车雷达系统检修

目标
• 能使用检测仪对倒车雷达系统进行自诊断。
• 能通过自诊断了解倒车雷达系统的组成。
• 能正确分析、判断倒车雷达系统的故障。

内容
• 倒车雷达系统组成及工作原理。
• 用检测仪测量、检查超声波传感器和蜂鸣器,调整蜂鸣器音量。

 关联知识

活动1 读取倒车雷达系统故障码

(1)倒车雷达系统的组成

倒车雷达系统由超声波传感器(俗称探头)、控制单元和警报蜂鸣器等部分组成,如图7.4所示。其原理是:倒车时,驾驶人将汽车的挡位换入倒挡,ECU接收倒挡信号,在控制器的控制下,由装置于车尾保险杠上的探头发送超声波,遇到障碍物,产生回波信号,传感器接收到回波信号后经控制器进行数据处理,从而计算出车体与障碍物之间的距离,判断出障碍物的位置,再由显示器显示距离并发出警示信号,从而使驾驶人倒车时不至于撞上障碍物。在整个过程中,驾驶人无须回头便可知车后的情况,使停车和倒车更容易、更安全。

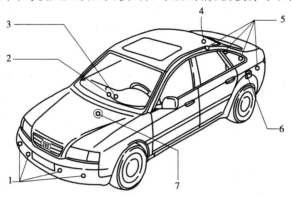

图7.4 倒车雷达的组成
1—前停车超声波传感器;2—停车辅助按钮;3—前停车辅助蜂鸣器;
4—后停车辅助蜂鸣器;5—后停车超声波传感器;6—停车辅助控制单元;
7—倒车灯开关(多功能开关)

1)超声波传感器

超声波传感器用于发射以及接收超声波信号,通过超声波传感器可以测量距离。

2)控制单元

控制单元发射正弦波脉冲给超声波传感器,并处理其接收到的信号,换算出距离值后,将数据与显示器通信。

3)显示器或蜂鸣器

显示器或蜂鸣器接收主机距离数据,并根据距离远近显示距离值和提供不同级别的距离报警音。

 倒车影像系统不能取代驾驶员自身的判断。驾驶员仍需对自己的车辆负法律责任。

(2)倒车雷达的工作原理

倒车雷达大多采用超声波测距原理(图7.5),驾驶者在倒车时,将汽车的挡位推到R挡,启动倒车雷达,在控制器的控制下,由装置于车尾保险杠上的探头发送超声波,遇到障碍物,产生回波信号,传感器接收到回波信号后经控制器进行数据处理,通过公式 $ct/2$(其中,c为声速,t为超声波发射到接受的往返时间),从而计算出车体与障碍物之间的距离,判断出障碍物的位置,再由显示器显示距离并发出警示信号,从而使驾驶者倒车时不至于撞上障碍物。在整个过程中,驾驶者无须回头便可知车后的情况,使停车和倒车更容易、更安全。目前,由于倒车雷达体积大小及实用性的限制,其主要功能仅为判断障碍物与车的距离,并做出提示。如图7.6所示为倒车雷达系统结构图。

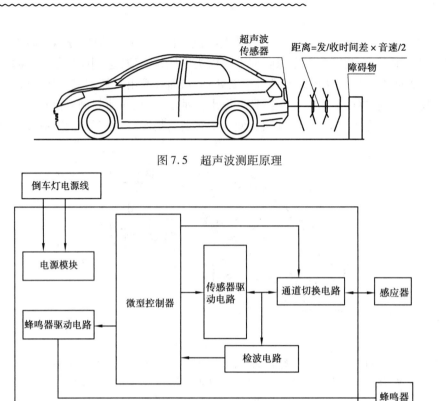

图 7.5　超声波测距原理

图 7.6　倒车雷达系统的结构图

目前,倒车雷达超声波探头(图 7.7)较为常用的是压电式超声波探头。它有两个压电晶片和一个共振板。当外加脉冲信号的频率等于压电晶片的固有振荡频率时,压力晶片将会发生共振,并带动共振板振动,发出声波。接收声波信号时将机械的能转为电信号。

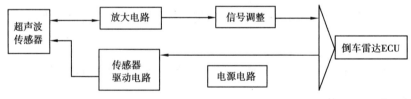

图 7.7　探头内部模块图

(3)倒车雷达的分类

倒车雷达从连接方式上,可分为有线和无线两类。无线倒车雷达与有线倒车雷达拥有同样功能。与有线倒车雷达相比,无线倒车雷达的主机和显示器采用无线传播技术连接,避免了对车内装饰进行拆卸。

根据显示设备种类不同,倒车雷达又可分为数字式、颜色式和蜂鸣式 3 种。数字式显示设备安装在驾驶台上(图 7.8),直接用数字表示汽车与后面物体的距离,距离误差精确到 1 cm。而蜂鸣器在车距障碍物约 1.5 m 时,蜂鸣器发出了 75 ms 的音频脉冲开始报警。此后车与障碍物间的距离越短,音频脉冲间隔越小(声音越急)。当距离在 25 cm 以下时,蜂鸣器发出连续音。

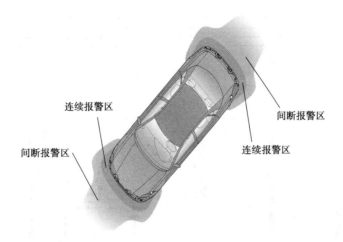

图 7.8　数字式显示倒车雷达

探头探测范围是有一定限制的,一般在水平面上的探测角度为 110°,在垂直面上的探测角度为 60°,如图 7.9 所示。

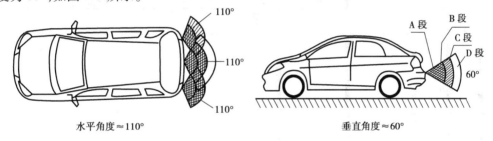

水平角度≈110°　　　　　　　　　　　　垂直角度≈60°

图 7.9　探头探测范围

(4)倒车雷达的自诊断功能

倒车雷达系统同其他系统一样也具备自诊断功能,如果发现工作不正常的情况可使用检测仪进行各种功能的检测、匹配等操作。

倒车雷达系统在点火开关打开后开始自检,1 s 后结束,如果点火开关未关,倒车雷达系统将一直处于工作状态,但距离控制功能在挂上倒挡时才启动。如果倒车雷达系统已处于工作状态,车内蜂鸣器会发出一声很短的信号音。如果自检过程中控制单元识别出系统有故障,车内蜂鸣器会发出 5 s 连续音。

(5)奥迪 A6 倒车雷达系统

奥迪 A6 的倒车雷达系统是利用超声波,并根据反射波的原理工作的。它的控制电路图如图 7.10、图 7.11 所示。奥迪 A6 乘用车的倒车雷达系统由倒车雷达控制单元 J446、倒车雷达左后传感器 G203、倒车雷达左后中部传感器 G204、倒车雷达右后中部传感器 G205、倒车雷达右后传感器 G206 和倒车雷达蜂鸣器 H15 等组成。

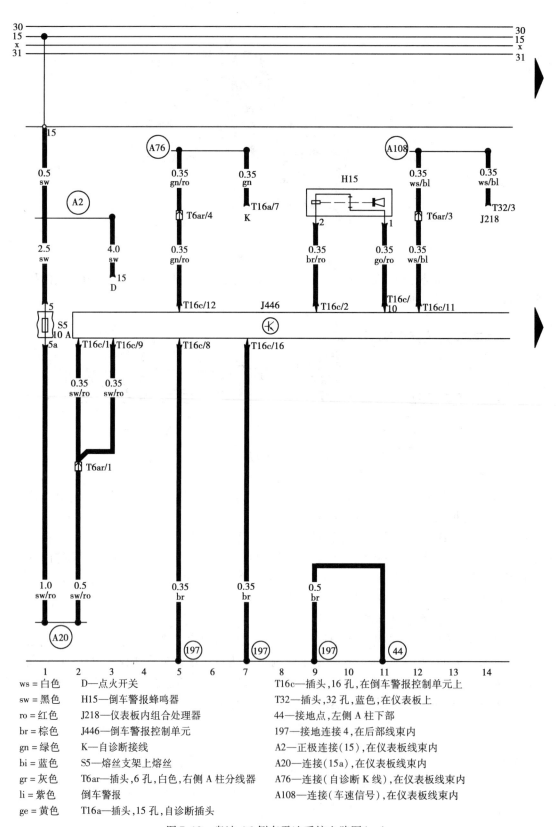

图 7.10 奥迪 A6 倒车雷达系统电路图(一)

ws = 白色　　D—点火开关　　　　　　　　　　T16c—插头,16 孔,在倒车警报控制单元上
sw = 黑色　　H15—倒车警报蜂鸣器　　　　　　T32—插头,32 孔,蓝色,在仪表板上
ro = 红色　　J218—仪表板内组合处理器　　　　44—接地点,左侧 A 柱下部
br = 棕色　　J446—倒车警报控制单元　　　　　197—接地连接 4,在后部线束内
gn = 绿色　　K—自诊断接线　　　　　　　　　　A2—正极连接(15),在仪表线束内
bi = 蓝色　　S5—熔丝支架上熔丝　　　　　　　A20—连接(15a),在仪表板线束内
gr = 灰色　　T6ar—插头,6 孔,白色,右侧 A 柱分线器　A76—连接(自诊断 K 线),在仪表线束内
li = 紫色　　倒车警报　　　　　　　　　　　　A108—连接(车速信号),在仪表线束内
ge = 黄色　　T16a—插头,15 孔,自诊断插头

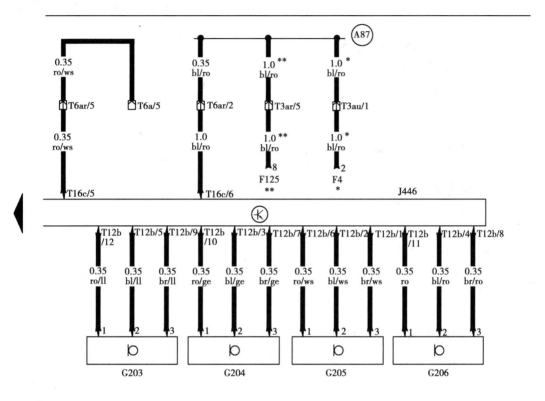

	15	16	17	18	19	20	21	22	23	24	25	26	27	28

ws = 白色　　F4—倒车灯开关　　　　　　　　　　T6a—插头,6 孔,蓝色,左侧 A 柱分线器

sw = 黑色　　F125—多功能开关　　　　　　　　　T6ar—插头,6 孔,右侧 A 柱分线器,倒车警报

ro = 红色　　G203—左后倒车警报传感器　　　　T12b—插头,12 孔,黑色,在倒车警报控制单元上

br = 棕色　　G204—左后中部倒车警报传感器　　T16c—插头,16 孔,在倒车警报控制单元上

gn = 绿色　　G205—右后中部倒车警报传感器　　A87—连接(右前),在仪表板线束上

bi = 蓝色　　G206—右后倒车警报传感器　　　　＊带手动变速器的车

gr = 灰色　　J44—倒车警报控制单元　　　　　　＊＊带自动变速器的车

li = 紫色　　T3ar—插头,3 孔,棕色,右侧 A 柱分线器

ge = 黄色　　T3au—插头,3 孔,红色,压力舱电器盒分线器

图 7.11　奥迪 A6 倒车雷达系统电路图(二)

4 个超声波传感器安装在车后保险杠上。

当打开点火开关后,倒车雷达系统开始进行约 1 s 的自检,如果点火开关未关,倒车警报系统将一直处于工作状态,但距离控制功能在挂上倒挡时才启动。如果自检过程中倒车雷达控制单元识别出故障,则系统会发出一个 5 s 的连续音。挂上倒挡后,当车辆距离障碍物约 1.5 m 时,蜂鸣器发出 75 ms 的音频;当距离在 25 cm 以下时,蜂鸣器发出连续音。

(6)倒车雷达系统故障码的读取

1)故障码的读取与清除

- 连接专用的仪器。
- 地址码为 76。
- 读取故障码。
- 清除(根据故障码的提示进行排故)。

2)倒车雷达控制单元编码

- 连接专用仪器。
- 地址码为 76。
- 进 07 编码。

3)根据功能进行编码

- 倒车雷达系统的自适应功能用于执行和储存警报音量的大小和音频的调整。
- 进入地址码 76。
- 10 自适应。
- 确认后屏幕显示 <1;3 >0。
- 按"1"键可减少自适应值,按" +3yp"键可增加自适应值。

操作活动

读取倒车雷达系统故障码

📖 **实施要求**

☞任务目标与要求

- 小组成员分工协作,利用提供实训车辆,依据工作任务分析制订工作计划,并通过小组自评或互评检查工作计划。
- 读取倒车雷达系统故障码并分析。

☞注意事项

- 在任务实施过程中,严格遵守相关实验实训制度和规范的要求,注意职场健康与安全需求,做好废料的处理,并保持工作场所的整洁。

📖 **实施步骤**

(1)决策

学生分组,明确各组的负责人;确定任务和每个人的工作职责,根据分工填写下表。

序　号	小组任务	个人职责(任务)	负责人

(2)计划

组长带领组内成员,查阅相关手册或指导书,制订任务计划,并检查计划有效性。

工作任务			
序号	工作步骤	工具/辅具	注意事项
1			
2			
3			
4			
5			

(3)实施

①实践准备。

场地准备	工量具准备	资料准备
6人用实习场地1块,对应数量的课桌椅,黑板1块,实践车辆等	常用工具、故障诊断仪等	相关车辆维修保养手册及使用手册

②使用专用自诊断仪器,查看故障码和数据流,并填写下表。

A.故障码

故障码	含　义	备　注

B. 数据流

项　目	状　态	结　果

③根据测量结果及维修手册,讨论处理方法以及步骤,并将讨论结果填入下表。

讨论项目	测量结果分析
讨论 结果	

📖 **评估总结**

- 回答指导教师提问,并接受指导教师的相关考核。
- 对本次任务完成过程及效果进行自我评价和小组互评。
- 清洁工作场所,清点、归还相关工具设备,完成本次任务。

序号	评估项目	自　评	互　评	教师评估
1	能正确使用故障诊断仪			
2	能正确读取故障码,并测量电压值			
3	能分析数据流的状态,并得出结论			
4	职场安全及操作规范等			
5	"5S"现场管理			
本任务实施心得:				
总体评价			教师签名	

关联知识

活动 2　倒车雷达系统检修

(1)倒车雷达系统控制原理

驾驶员挂入倒挡后,ECU 接收倒挡信号,控制传感器发出并接收超声波,ECU 根据接收到的超声波信号计算出障碍物距离,控制蜂鸣器发出不同音频的报警声音。其组成结构如图 7.12 所示。

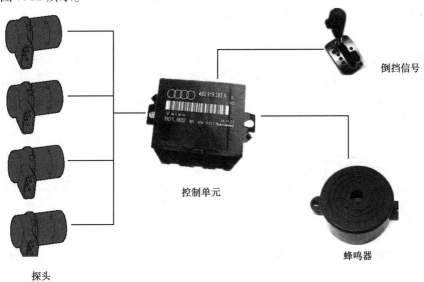

倒挡信号

控制单元

蜂鸣器

探头

图 7.12　倒车雷达组织结构图

(2)倒车雷达使用注意事项

1)使用注意事项

倒车雷达在使用中应注意的问题有以下 5 点:

①安装问题

安装位置的高低、角度以及感应器分布的距离,根据不同的车型,有不同的要求。一般不宜安装在铁质保险杠上,因为这样会影响探测结果。

②盲区问题

千万不要以为装了倒车雷达就万无一失了,它只能作为一种参考。因为倒车雷达的感应器也有探测盲区,装了感应器的车主,特别要注意车后中间地带。感应器要经常保持清洁,特别是雨雪天,泥水和冰雪覆盖住感应器,感应器就会失灵。

③适应问题

倒车雷达的使用需要一个适应过程。一般在刚开始使用时,应尽量多下车看看,以便准确了解其显示的数值与实际目测距离相差多少。由于感应器测量角度的影响,总有一些误差。

④目测结合问题

遇到光滑斜坡、光滑圆形球状物、棉絮团、花坛中伸出的小树枝时,要加以目测,因为这时感应器的探测能力大幅度下降,提供的数据就不会非常准确。遇到天气过热或过冷、过湿、路面不平和沙地时,也不能掉以轻心,要多回头看看后面的情况。

⑤进退问题

听到蜂鸣器连续音时,应当及时停车,因为此时车已到危险区域。倒车时,车速一定要慢,以免车身因太大的惯性力碰到障碍物。

2)倒车雷达盲区(图7.13)

在以下4种情况下,雷达是不会做出反应的。

①过于低矮的障碍物。一般来说低于探头中心10~15 cm以下的障碍物就有可能被探头所忽视,而且障碍物距离车位距离越近,这一高度值也就会随之降低,危险性也随之增大。

②过细的障碍物。由于雷达探头发射的声波信号较窄,因此,在探测较细的障碍物时存在着较大的盲区,一些道路上用来阻隔车辆的隔离桩,电线杆上的斜拉钢缆都是危险物品。

③沟坎。雷达是用来探测障碍物的,如车后有沟坎,那么雷达是绝对不会做出反应的。倒车雷达采用声波探测,吸收声波或声波反射弱的物体雷达可能无反应。

④冬天冰雪覆盖。

(a)被侦测物直径太小,如绳索、电线

(b)棉质、毛线等易吸收声波的物体

(c)像岩石等低矮的物体

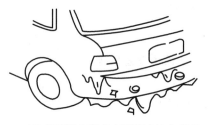

(d)传感器上溅有水滴并冻结在表面

(e)传感器上沾有雪或泥等,覆盖了传感器

图7.13　倒车雷达盲区

(3)汽车倒车雷达常见故障检修

1)倒车雷达整个系统不工作

①故障现象

在进入汽车倒车工作状态下,蜂鸣器无提示声响,显示器无任何显示,倒车灯也不亮。

②故障原因分析

倒车雷达系统没有工作,常为工作电源未接通(如倒车灯开关失灵)或倒车雷达系统线束接插件接触不良所致。

③维修方法

如倒车灯开关失灵,则更换倒车灯开关。如倒车灯工作正常,则检查倒车雷达控制器侧的 DC +12 V 电源是否送入控制器。该路电源如供给正常,应更换倒车雷达的控制器。

2)倒车雷达蜂鸣器不工作

①故障现象

在汽车进入倒车工作状态时,显示器有工作显示,蜂鸣器无任何的响声。

②故障原因分析

倒车雷达系统已工作,但蜂鸣器未工作,其原因可能出现在控制器与组合仪表之间,线路断路或仪表内蜂鸣器失灵。

③维修方法

检查控制器侧有无 DC +12 V 电源输出(检查时,应让系统处于探测障碍物状态)。若信号正常,则检查位于仪表盘后面的倒车雷达显示器有无 DC +12 V 电源,如电源供给正常,则更换组合仪表。

3)倒车雷达系统显示器不工作

①故障现象

在汽车进入倒车工作状态下,蜂鸣器有提示响声,显示器无任何显示。

②故障原因分析

倒车雷达系统已工作,但显示器未工作,可能原因是控制器连接器松动.接触不良,显示器失灵。

③维修方法

检查控制器侧的 12P 连接器与组合仪表之间的连接是否正常,若信号正常请更换组合仪表。

4)倒车雷达传感器不工作或内部接触不良

①故障现象

在汽车进入倒车状态下,有固定的某只传感器始终探测不到障碍物,或仪表盘内的显示器 4 只绿色指示灯乱跳。

②故障原因分析

倒车雷达系统已工作,但某只传感器未工作或传感器内部以及传感器 4P 连接器接触不良。

③维修方法

在汽车进入倒车工作状态下,用耳朵贴近传感器表面,仔细听是否有轻微的滴答声(可与正常的比较),如果响声正常,说明传感器的电源正常,检查传感器和控制器之间的信号连接是否正常。一般情况下,仪表内出现绿色指示灯乱跳现象主要是因某一传感器失灵所致,更换失灵传感器即可排除故障。

5)倒车雷达传感器能力弱

①故障现象

在汽车进入倒车工作状态下,有固定的某只传感器始终探测能力差。

②故障原因分析

倒车雷达系统已工作,但某只传感器探测能力弱,可能原因是传感器内部自身问题或传感器表面不整洁。

③维修方法

清除传感器表面异物或更换失灵传感器。

 后保险杠左侧和右侧两只传感器的探测能力比中间的左 2 和右 2 的两只弱,属于正常。

操作活动

倒车雷达系统部件检修

📖 **实施要求**

☞任务目标与要求

● 小组成员分工协作,利用提供实训车辆,依据工作任务分析制订工作计划,并通过小组自评或互评检查工作计划。

● 拆装并检修倒车雷达系统的各部件。

☞注意事项

● 在任务实施过程中,严格遵守相关实验实训制度和规范的要求,注意职场健康与安全需求,做好废料的处理,并保持工作场所的整洁。

📖 **实施步骤**

(1) 决策

学生分组,明确各组的负责人;确定任务和每个人的工作职责,根据分工填写下表。

序 号	小组任务	个人职责(任务)	负责人

(2) 计划

组长带领组内成员,查阅相关手册或指导书,制订任务计划,并检查计划有效性。

工作任务			
序号	工作步骤	工具/辅具	注意事项
1			
2			
3			
4			
5			

（3）实施

①实践准备。

场地准备	工量具准备	资料准备
6 人用实习场地 1 块,对应数量的课桌椅,黑板 1 块,实践车辆等	常用工具、万用表、故障诊断仪等	相关车辆维修保养手册及使用手册

②查看车辆维修手册和电路图,检测倒车雷达系统各部件,并填写下表。

部件名称	状　态	结　　果

③根据测量结果及维修手册,讨论处理方法以及步骤,并将讨论结果填入下表。

讨论项目	测量结果分析	
讨论结果	故障项目	处理方法及步骤

📖 **评估总结**

- 回答指导教师提问,并接受指导教师的相关考核。
- 对本次任务完成过程及效果进行自我评价和小组互评。
- 清洁工作场所,清点、归还相关工具设备,完成本次任务。

序号	评估项目	自　评	互　评	教师评估
1	能正确查看电路图			
2	能正确检测系统各部件状态			
3	能分析各部件的状态,并得出结论			
4	职场安全及操作规范等			
5	"5S"现场管理			
本任务实施心得:				
总体评价			教师签名	

任务 7.2　倒车影像系统检修

目标
- 能使用检测仪对倒车影像系统进行自诊断。
- 能通过自诊断了解倒车影像系统的组成。
- 能正确分析、判断倒车影像系统的故障。

内容
- 倒车影像系统组成及工作原理。
- 校准倒车影像系统。

关联知识

活动 1　倒车影像系统的自诊断

虽然倒车雷达的优势很明显,但是它同样存在着不容忽视的缺点。那就是对地面凹陷的探测几乎无能为力,而且对比较细的电线杆,建筑物上凸出的铁架子,都比较不敏感。因此,如果在倒车时没有注意到后面是否有坑或电线杆,就很容易发生事故。

相比倒车雷达,倒车后视系统比起全方位的倒车雷达更加直观。当挂倒车挡时,该系统会自动接通位于车尾的高清摄像头,将车后状况清晰地显示在液晶显示屏上,可以准确把握后方路况。

(1)倒车影像系统的组成

倒车影像系统由安装在汽车后部的摄像机、控制单元和驾驶室内的显示屏所组成,如图7.14 所示。

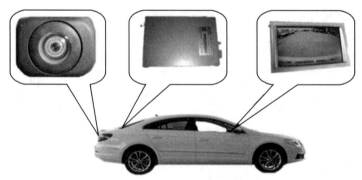

图 7.14　倒车影像系统的组成

1)倒车摄像头

倒车摄像头用于呈现车辆后方区域的影像。

2)倒车影像系统控制单元

倒车影像系统控制单元处理来自倒车摄像头的图像,以及若图像符合规定的要求,将其传送至显示屏。

3）显示屏

显示屏如收音机或带视频输出的收音机/导航系统。在显示屏中,显示经倒车影像系统处理过的图像。

如图 7.15 所示为大众途锐倒车影像系统框架图。

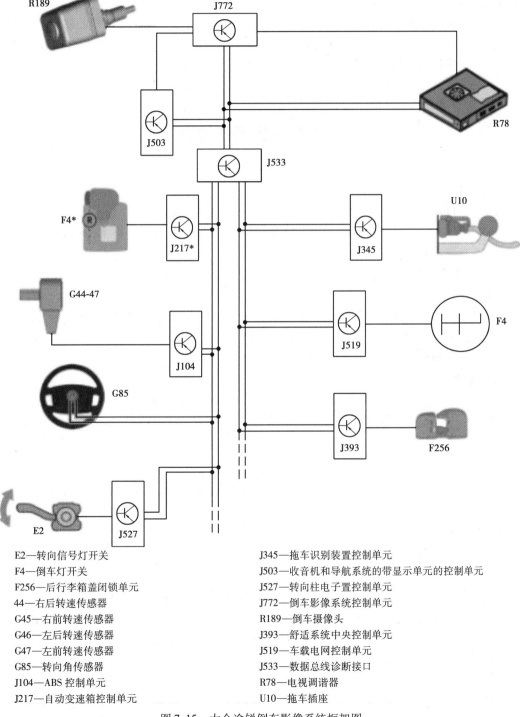

E2—转向信号灯开关
F4—倒车灯开关
F256—后行李箱盖闭锁单元
44—右后转速传感器
G45—右前转速传感器
G46—左后转速传感器
G47—左前转速传感器
G85—转向角传感器
J104—ABS 控制单元
J217—自动变速箱控制单元

J345—拖车识别装置控制单元
J503—收音机和导航系统的带显示单元的控制单元
J527—转向柱电子置控制单元
J772—倒车影像系统控制单元
R189—倒车摄像头
J393—舒适系统中央控制单元
J519—车载电网控制单元
J533—数据总线诊断接口
R78—电视调谐器
U10—拖车插座

图 7.15 大众途锐倒车影像系统框架图

（2）倒车影像系统的工作原理

倒车影像系统是由装在车尾的车载摄像头把车尾部摄取的画面,通过传输线把信号送到安装在驾驶位置处的车载显示器,通过图像的方式显示车辆周围的障碍物情况,通过扩大驾驶者的视野,帮助驾驶者了解车辆周围情况,及时发现障碍物,从而增加驾驶的安全系数、辅助驾驶员安全倒车的产品。

当驾驶员倒车时,倒车影像系统通过显示屏显示车辆后方的状况,以辅助驾驶员进行操作。在 15 号端子开启和/或发动机运行的状态下,通过选择带手动变速箱的车辆上的倒挡或带自动变速箱的车辆上"R"挡,启动该系统。

操作活动

倒车影像系统的自诊断

📖 **实施要求**

☞任务目标与要求

● 小组成员分工协作,利用提供实训车辆,依据工作任务分析制订工作计划,并通过小组自评或互评检查工作计划。

● 读取倒车影像系统故障码并分析。

☞注意事项

● 在任务实施过程中,严格遵守相关实验实训制度和规范的要求,注意职场健康与安全需求,做好废料的处理,并保持工作场所的整洁。

📖 **实施步骤**

（1）决策

学生分组,明确各组的负责人;确定任务和每个人的工作职责,根据分工填写下表。

序　号	小组任务	个人职责（任务）	负责人

（2）计划

组长带领组内成员,查阅相关手册或指导书,制订任务计划,并检查计划有效性。

工作任务			
序号	工作步骤	工具/辅具	注意事项
1			
2			
3			
4			
5			

(3) 实施

① 实践准备。

场地准备	工量具准备	资料准备
6人用实习场地1块,对应数量的课桌椅,黑板1块,实践车辆等	常用工具、故障诊断仪等	相关车辆维修保养手册及使用手册

② 使用专用自诊断仪器,查看故障码和数据流,并填写下表。

A. 故障码

故障码	含　义	备　注

B. 数据流

项　目	状　态	结　果

③ 根据测量结果及维修手册,讨论处理方法以及步骤,并将讨论结果填入下表。

讨论项目	测量结果分析	
	故障码	处理方法及步骤
讨论结果		

评估总结

- 回答指导教师提问,并接受指导教师的相关考核。
- 对本次任务完成过程及效果进行自我评价和小组互评。
- 清洁工作场所,清点、归还相关工具设备,完成本次任务。

序号	评估项目	自　评	互　评	教师评估
1	能正确使用故障诊断仪			
2	能正确读取故障码,并测量电压值			
3	能分析数据流的状态,并得出结论			
4	职场安全及操作规范等			
5	"5S"现场管理			
本任务实施心得:				
总体评价		教师签名		

活动2　校正倒车影像系统

(1)倒车摄像头

倒车摄像头是一个广角摄像头,可视角度的水平视角是130°且垂直视角是100°,分辨率大约为25 K像素,如图7.16所示。它主要由透镜和信息处理器组成。

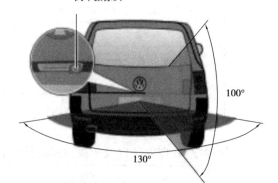

图7.16　倒车摄像头可视角度

(2)处理器(带集成芯片)

处理器镜化捕捉到的图像。镜化是必要的,以便于将车辆左侧的状况显示在显示屏的左侧。图像被转化成电子信号,并被传送至倒车影像系统控制单元。如图7.17所示的倒车摄像头通过3根电线(电源、接地线和带集成屏蔽层的视频信号线)与倒车影像系统控制单元连接在一起。

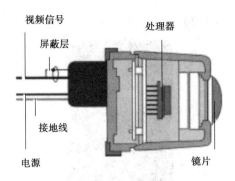

图 7.17　处理器结构图

(3)控制单元

控制单元向倒车摄像头提供电源,还需要其处理摄像头接收到的图像,插入静态和动态辅助线之后再传给显示屏。另外,还可通过校准仪对倒车影像进行校准。

(4)校正倒车影像系统

对车辆后部进行修复后需校正该系统,否则会因为安装位置的改变而导致辅助停车线计算错误而失准,屏幕也不会出现倒车指示线。

其中,倒车影像系统需要在下述工作程序完成后进行调校(图 7.18):

①行李箱盖手柄的拆卸/安装或更换。

②倒车摄像头的拆卸/安装或更换。

③倒车影像系统控制单元的拆卸/安装或更换。

(a)校正前　　　　　　　　　　　　　　　(b)校正后

图 7.18　倒车影像的校正

(5)专用工具

1)倒车影像校准仪和左右桨状件(图 7.19)

图 7.19　倒车影像校准仪和左右桨状件

2)红外线激光测距器(图 7.20)

图 7.20　红外线激光测距器

 操作活动

校正倒车影像系统

📖 **实施要求**

☞任务目标与要求

● 小组成员分工协作,利用提供实训车辆,依据工作任务分析制订工作计划,并通过小组自评或互评检查工作计划。

● 对倒车影像系统进行校正。

☞注意事项

● 在任务实施过程中,严格遵守相关实验实训制度和规范的要求,注意职场健康与安全需求,做好废料的处理,并保持工作场所的整洁。

📖 **实施步骤**

(1)决策

学生分组,明确各组的负责人;确定任务和每个人的工作职责,根据分工填写下表。

序　号	小组任务	个人职责(任务)	负责人

(2)计划

组长带领组内成员,查阅相关手册或指导书,制订任务计划,并检查计划有效性。

工作任务			
序号	工作步骤	工具/辅具	注意事项
1			
2			
3			
4			
5			

(3) 实施

①实践准备。

场地准备	工量具准备	资料准备
6 人用实习场地 1 块,对应数量的课桌椅,黑板 1 块,实践车辆等	常用工具、校正专用工具、故障诊断仪等	相关车辆维修保养手册及使用手册

②使用专用工具,对倒车影像系统进行校正,并填写下表。

项　目	状　态	结　果

③根据测量结果及维修手册,讨论处理方法以及步骤,并将讨论结果填入下表。

讨论项目	校正过程分析
讨论结果	

📖 **评估总结**

● 回答指导教师提问,并接受指导教师的相关考核。

● 对本次任务完成过程及效果进行自我评价和小组互评。

● 清洁工作场所,清点、归还相关工具设备,完成本次任务。

序号	评估项目	自 评	互 评	教师评估
1	能正确使用校正专用工具			
2	能正确操作倒车影像系统校正流程			
3	职场安全及操作规范等			
4	"5S"现场管理			
本任务实施心得:				
总体评价			教师签名	

习 题 7

一、选择题

1. 哪项不是倒车雷达组成部分?(　　)

　A. 蜂鸣器　　　　　　B. 超声波传感器　　C. ECU　　　　　　　D. 控制机构

2. 倒车雷达探头探测范围是有一定限制的,一般在水平面上的探测角度为(　　)。

　A. 120°　　　　　　　B. 90°　　　　　　　C. 180°　　　　　　　D. 360°

3. 倒车雷达探头探测范围在垂直面上的探测角度为(　　)。

　A. 90°　　　　　　　B. 120°　　　　　　　C. 60°　　　　　　　　D. 360°

4. 奥迪 A6 倒车雷达系统故障码的读取与清除地址码为(　　)。

　A. 76　　　　　　　　B. 51　　　　　　　　C. 01　　　　　　　　D. 02

5. 倒车蜂鸣器在车距障碍物约(　　)m 时,蜂鸣器发出了 75 ms 的音频脉冲开始报警。此后车与障碍物间的距离越短,音频脉冲间隔越小(声音越急)。当距离在 25 cm 以下时,蜂鸣器发出连续音。

　A. 1.5　　　　　　　B. 5　　　　　　　　　C. 3　　　　　　　　　D. 0.5

二、简答题

1. 简述倒车雷达的工作原理。

2. 在什么情况下要求校正倒车影像系统?

3. 倒车影像系统是怎样进行自诊断的?

情境 8 汽车车载网络系统检修

- 能掌握汽车 CAN-BUS、MOST-BUS、LIN-BUS 总线系统的工作原理。
- 能熟悉对网络系统检测诊断的设备设施的使用方法。
- 能熟练使用检测仪对网络系统的故障进行诊断和检修,判断故障位置和原因。
- 能运用所学知识对网络信息系统综合故障进行分析和判断,制订排故流程,并完成故障排除任务。

情境导入

故障现象:

一辆 2011 年的奥迪 A8L 轿车,行驶里程为 11 万 km,在维护保养时,要求对其车载网络系统进行系统故障查询。

故障分析:

该故障为汽车车载网络系统常见故障,要排除该故障,应根据汽车车载网络系统的组成及工作原理对网络系统进行故障诊断。

随着汽车技术日新月异的发展,以及电子技术和控制技术在汽车上的大量应用,汽车上采用的电子控制模块越来越多。由原来的几块发展到现在的几十块,显然传统的数据传输方式已不能满足模块间数据传输的要求。新型汽车的控制系统一般采用多路传输,即将不同的信号相互交织在不同的时间段内,沿着同一个信道传输。在接收端再用某种方法,将各个时间段内的信号提取出来还原成原始信号的通信技术。其目的是使汽车控制系统的数据传输实现高速化。

车载网络系统主要由控制单元、数据总线、网络、通信协议及网关等组成。

- 控制单元

控制单元(ECU)是检测信号或进行信号处理的电子装置。

● 数据总线

数据总线(BUS)是控制单元间运行数据传递的通道,即所谓的信息"高速公路"。如果一个控制单元可通过总线发送数据,又可从总线接收数据,则这样的数据总线就称为双向数据总线。汽车上的数据总线实际是一条导线或两条导线。

● 网络

局域网是在一个有限区域内连接的计算机网络,通过这个网络实现这个系统内的信息资源共享。局域网一般的数据传输速度约为 105 kbit/s,汽车上的车载网络是一种局域网。

● 通信协议

通信协议犹如交通规则,包括"交通标志"的制订方法。通信协议的标准蕴涵唤醒访问和握手。唤醒访问就是一个给模块的信号,这个模块为了节电而处于休眠状态。握手就是模块间的相互确认兼容并处在工作状态。大多数通信协议(以及使用它们的数据总线和网络)都是专用的,因此,维修诊断时需要专门的软件。

● 网关

按照汽车装配的不同控制单元对总线系统性能要求的不同,汽车上的总线系统各有不同。

(1)识别和改变不同总线网络的信号和速率

由于不同区域车载网络的速率和识别代号不同,一个信号要从一个总线进入另一个总线区域,必须把它的识别信号和速率进行改变,能够让另一个数据总线系统接受,这个任务由网关(Gateway)来完成。图8.1 中,通过网关将 5 个系统联成网络,由于电压和电阻配置不同,因此,在 CAN 动力数据总线和 CAN 舒适/信息数据总线之间无法进行耦合连接。

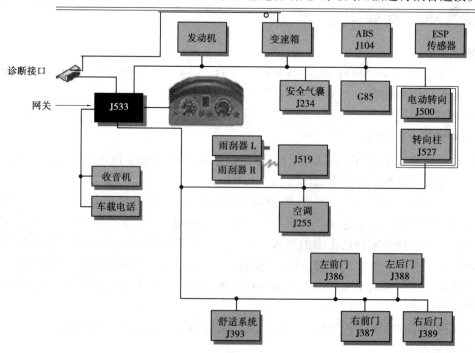

图 8.1　网关的作用

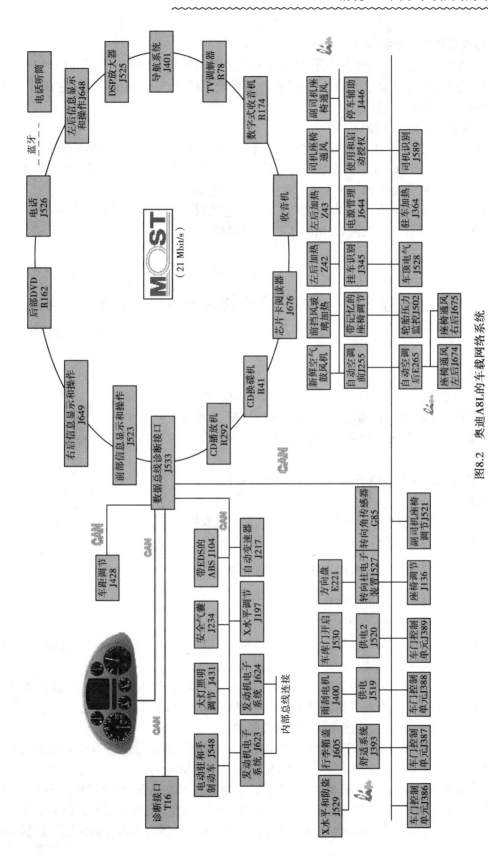

图8.2　奥迪 A8L的车载网络系统

211

（2）改变信息优先级

如车辆发生相撞事故,安全气囊控制单元会发出负加速度传感器的信号,这个信号的优先级在动力系统总线中是非常高的,但转到舒适系统车载网络后,网关调低了它的优先级,因为它在舒适系统中其功能只是打开车门和灯。

（3）网关可作为诊断接口

根据车辆的不同,网关可能安装在组合仪表内、车上供电控制单元内或在自己的网关控制单元内。由于通过 CAN 数据总线的所有信息都供网关使用,因此,网关也用作诊断接口。

网关的主要任务是使两个速度不同系统之间能进行信息交换。

如图 8.2 所示为奥迪 A8L 的车载网络系统。它的数据总线连接到总线上的控制单元,几条数据总线又连接到局域网上,构成整个车载网络。

任务 8.1　CAN-BUS 故障检测与维修

目标

- 能够利用常用和专用的检测仪器对 CAN-BUS 系统进行常规检查。
- 能够按照企业的标准规范对系统部件进行拆装或者更换。
- 能够自主查阅相关资料、数据并对检查和测量结果做出检修报告,确定需维修或更换的零件。
- 能够掌握汽车 CAN-BUS 系统诊断的思路与方法。

内容

- 能够使用正确的方法对 CAN-BUS 总线进行常规检测。
- 能够通过检测判断 CAN-BUS 总线的状态。

关联知识

活动1　CAN-BUS 总线故障的常规检测

（1）CAN-BUS 的结构

1）CAN-BUS 各组成部件功能

CAN 总线又称 CAN-BUS,是控制单元区域网络（Controller Area Network）的缩写。CAN 总线是指控制器区域网总线。控制单元通过网络交换数据。

CAN 数据传输系统将传统的多线传输系统改变为双线（总线）传输系统,如图 8.3 所示。这样一辆汽车不论有多少控制模块,也不管其信息容量有多大,每个控制模块都只需引出两条线接在两个节点上,这两条导线称为数据总线。

这两条数据总线:一条用于驱动系统的高速 CAN,速率一般可达到 500 Kbit/s,最高可达 1 000 Kbit/s;另一条用于车身系统低速 CAN,速率是 100 Kbit/s。

驱动系统 CAN（CAN-High）也称动力主线,主要连接对象是发动机控制器（ECU）、ABS 控制器和安全气囊控制器等。它们的基本特征都是控制与汽车行驶直接相关的系统。

车身系统 CAN（CAN-Low）也称舒适总线,主要连接和控制汽车内外部照明、灯光信号、

图 8.3   传统布线与 CAN-BUS 总线对比

空调、刮水电机、中央门锁与防盗控制开关、故障诊断系统、组合仪表及其他辅助电器等。

有些高档车辆还有第 3 条 CAN 总线,即信息娱乐总线,主要用于卫星导航及智能通信系统。

其整车管理系统的总体结构如图 8.4 所示。

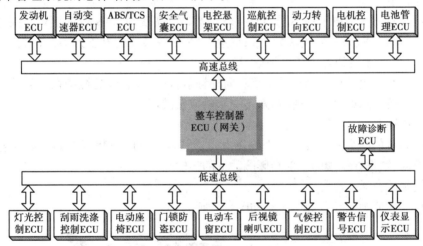

图 8.4   整车管理系统的总体结构

2)CAN-BUS 的构成与主要硬件

最基本的 CAN-BUS 系统(图 8.5)中拥有一个 CAN 控制器、一个信息收发器、两个数据传输端及两条数据传输总线。除了数据传输总线外,其他各元件都置于各控制单元的内部。

①CAN 控制器功能

CAN 控制器一面负责接受其寄生的电控单元 CPU 传来的信息数据,并对这些数据进行处理后,将其转发给信息收发器。

CAN 控制器对由信息收发器截取的来自其他系统 CAN 控制器的信息数据进行处理,再将其传给自己所寄生电控单元的 CPU。

②收发器功能

它是一个发送器和接收器的组合。将 CAN 控制器输入的串行比特信号(逻辑电平)转换成 5 V 电压值(线路电平)并通过数据线发送出去;接收来自其他系统 CAN 控制器数据,将线路电平还原成逻辑电平,并将数据传送到 CAN 控制器。

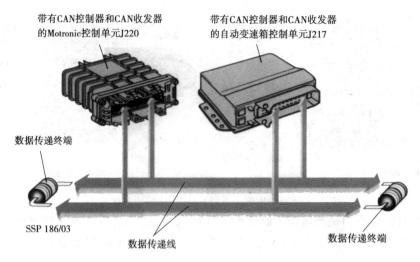

图 8.5　CAN-BUS 的构成

③数据传输总线

根据两条总线线路电平的不同,分别被称为 CAN 高线和 CAN 低线两种。高速 CAN 的一条线的电压为 5 V,另一条线就为 0 V;低速 CAN 的一条线的电压为 2.5 V,另一条线的电压也为 2.5 V。两条线的电压和总是等于常值。

为了防止和避免外界电磁波的干扰和向外辐射,这两条总线是缠绕在一起的,通过这种办法使总线保持无辐射,保证数据传送不受影响或被破坏。

④数据传递终端

在数据总线的两个末端设有两个终端电阻。其目的是防止数据在终端被反射,并以回声的形式返回,数据在终端的反射会影响数据的传输。

⑤数据传输介质

数据传输介质为双绞线如图 8.6 和图 8.7 所示。

图 8.6　双绞线的结构

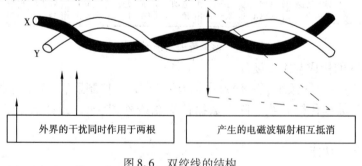

图 8.7　双绞线的电位

CAN 数据总线是传输数据的双向数据线。

（2）CAN 数据总线传递数据的构成

CAN 数据总线在极短的时间里，在各控制单元间传递数据，可将其分为 7 个部分。CAN 数据总线传递的数据由多位构成，如图 8.8 所示。在数据中，位数的多少由数据域的大小决定（1 位是信息的最小单位——单位时间电路状态。在电子学中，一位只有 0 或 1 两个值。也就是只有"是"和"不是"两个状态）。

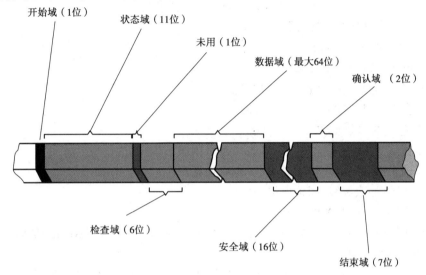

开始域（1位）　状态域（11位）　未用（1位）　数据域（最大64位）　确认域（2位）

检查域（6位）　安全域（16位）　结束域（7位）

图 8.8　CAN 数据总线传递数据的构成

1）开始域

标志数据开始。带有大约 5 V 电压（由系统决定）的 1 位，被送入高位 CAN 线；带有大约 0 V 电压的 1 位被送入低位 CAN 线。

2）状态域

判定数据中的优先权。如果两个控制单元都要同时发送各自的数据，那么，具有较高优先权的控制单元，优先发送。

3）检查域

显示在数据域中所包含的信息项目数。在本部分允许任何接收器检查是否已经接收到所传递过来的所有信息。

4）数据域

在数据域中，信息被传递到其他控制单元。

5）安全域

检测传递数据中的错误。

6）确认域

在此，接收器信号通知发送器，接收器已经正确收到数据。若检查到错误，接收器立即通知发送器，然后发送器再发送一次数据。

7）结束域

标志数据报告结束。在此是显示错误并重复发送数据的最后一次机会。

（3）CAN 总线传递过程

每条数据总线都包含着 5 个过程，如图 8.9 所示。

图 8.9　CAN 总线传递过程

（4）CAN 总线故障的常规检测

1）CAN 总线的 3 个故障原因

①汽车电源系统引起的故障。

②汽车多路信息传输系统的链路故障。

③汽车多路信息传输系统的节点故障。

2）CAN 总线的诊断步骤

对于多路信息传输系统的故障诊断，一般采用以下步骤进行：

①了解该车型多路信息传输系统的特点，包括：

a.传输介质：如双绞线、同轴电缆、光纤。

b.区域网形式：如 CAN 网、LAN 网。

c.网络通信协议的类型：如 CAN 协议、A-BUS 协议、VAN 协议、PALMENT 协议、CCD 协议、HBCC、DLCS 协议等。

②了解汽车多路信息传输系统的各种功能，如有无唤醒功能、休眠功能等。

③检测汽车电源系统是否存在故障，如交流发电机的输出波形是否正常（若不正常将导致信号干扰等故障）等。

④检查汽车多路信息传输系统的链路是否存在故障，采用替换法或采用跨线法进行检测。

⑤检查节点。如果是节点故障，只能采用替换法进行检测。

3）CAN 总线常见的故障部位

①CAN-L 或 CAN-H 通信线短路或断路。

②连接器连接不良（端子损坏、脏污、锈蚀）。

③车用电源系统中的故障。

④某个控制单元中的通信部件故障。

⑤某个控制单元的供电故障（当蓄电池电量快耗尽时或蓄电池电压缓慢下降可能导致故障记录存储）。

4）CAN 总线系统的检测

①电阻测量——测量终端电阻值

在电阻测量过程中，应注意（图 8.10）：先断开车辆蓄电池的接线，大约等待 3 min，直到系统中所有的电容器放完电后再测量，因为控制单元内部电路的电阻是变化的；在舒适 CAN 总线上，可进行未定义的电阻测量。

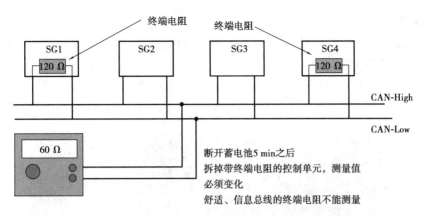

图8.10 测量终端电阻值

其诊断方式如下：

a.拆下蓄电池电压线。

b.启动点火开关,使各存电设备充分放电。

c.用万用表的表笔,分别接在 CAN-LOW 与 CAN-HIGH 上。

d.将一带终端电阻的电控单元插头拔下,观察万用表阻值变化,阻值有变化,此总线终端电阻正常,否则损坏。

e.依次对比分析,观察有终端电阻的控制单元。

②电压的测量(图8.11)

测量 CAN-L(或 CAN-H)的对地电压。

驱动 CAN 的 CAN-L 对地电压大约为2.4 V,CAN-H 对地电压大约为2.6 V。

舒适 CAN 的 CAN-L 对地电压大约为4.8 V,CAN-H 对地电压大约为0.2 V。

这些接近的值根据总线负载可能有大约100 mV 的偏差。

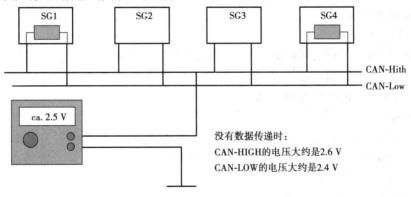

图8.11 测量电压

③用故障诊断仪器检修 CAN 系统

一种检测方式是利用故障诊断仪读取故障码,查找各控制单元内部存储单元内的故障信息。判断具体故障原因,从而排除故障。另一种是读取测量数据块中 CAN 总线通信状态。读取某控制单元数据块,观察哪些控制单元与之发生信息交流及工作状态是否正常。如果某控制单元显示1,表示有信息交流。如果显示0,表示无信息交流。原因是网关之间的连线断路或没有安装该控制单元。

④CAN 总线的维修

如果 CAN 总线为双绞线导线,若导线有破损或断路需要接线时(图 8.12),每段长度应小于 50 mm,每两段接线之间长度应大于 100 mm。如果需要在中央接点处维修,则严禁打开接点,只允许在距接点 100 mm 以外断开导线。接线点处,要做好屏蔽处理,以免干扰源对传输信号干扰。另外,每条 CAN 总线导线长度应不超过 5 m,否则导线所传输的脉冲信号会失真。

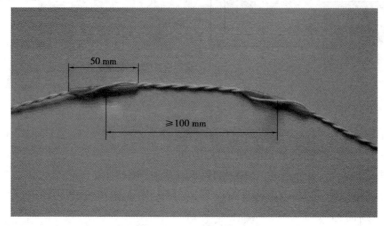

图 8.12　CAN 总线的维修要求

操作活动

CAN-BUS 故障的常规检测

📖 **实施要求**

☞任务目标与要求

• 小组成员分工协作,利用提供实训车辆,依据工作任务分析制订工作计划,并通过小组自评或互评检查工作计划。

• 对 CAN-BUS 故障的常规检测。

☞注意事项

• 在任务实施过程中,严格遵守相关实验实训制度和规范的要求,注意职场健康与安全需求,做好废料的处理,并保持工作场所的整洁。

📖 **实施步骤**

(1)决策

学生分组,明确各组的负责人;确定任务和每个人的工作职责,根据分工填写下表。

序　号	小组任务	个人职责(任务)	负责人

（2）计划

组长带领组内成员,查阅相关手册或指导书,制订任务计划,并检查计划有效性。

工作任务			
序号	工作步骤	工具/辅具	注意事项
1			
2			
3			
4			
5			

（3）实施

①实践准备。

场地准备	工量具准备	资料准备
6 人用实习场地 1 块,对应数量的课桌椅,黑板 1 块,实车	整车、常用工具、故障诊断仪、万用表等	相关车辆维修保养手册及使用手册

②使用专用自诊断仪器,查看故障码和数据流,并填写下表。

A. 故障码

故障码	含　义	备　注

B. 数据流

通道号	状　态	结　果
125		
126		
127		
130		
131		
140		
141		

③分组讨论驱动 CAN 总线和舒适 CAN 总线的区别,并将讨论结果填入下表。

讨论项目	驱动 CAN 总线和舒适 CAN 总线的区别
讨论结果及原因	

📖 **评估总结**

- 回答指导教师的提问,并接受指导教师的相关考核。
- 对本次任务完成过程及效果进行自我评价和小组互评。
- 清洁工作场所,清点、归还相关工具设备,完成本次任务。

序号	评估项目	自　评	互　评	教师评估
1	能正确使用故障诊断仪			
2	能正确读取故障码,并测量电压值			
3	能分析数据流的状态,并得出结论			
4	职场安全及操作规范等			
5	"5S"现场管理			
本任务实施心得:				
总体评价		教师签名		

关联知识

活动2　CAN-BUS 通信线路故障检测

(1) CAN-BUS 通信线路故障概述

当汽车 CAN 数据传输系统的通信线路出现故障时,如通信线路的短路、断路以及线路物理性质引起的通信信号衰减或失真,都会引起多个电控单元无法工作或电控系统错误动作。判断是否为数据线路故障时,一般采用示波器来观察通信数据信号是否与标准通信数据信号相符。用示波器检测 CAN 数据总线故障。

当两条 CAN 总线(CAN-HIGH 和 CAN-LOW)其中一条线断路时,整个动力系统将无法正常工作,即不能进行单线传输。只有 CAN-LOW 线出现对地断路时,还能正常工作。而由于舒适和信息娱乐总线都设有位于系统内各个控制单元中不同阻值的传输终端,因此可实现单线传输。

由图8.13和图8.14分别为驱动 CAN 总线和舒适 CAN 总线的标准波形。它们的 CAN-HIGH 与 CAN-LOW 的波形相同,极性相反,且最大电压值相等。

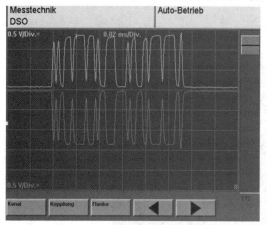

图8.13　驱动 CAN 的标准波形　　　　　　　图8.14　舒适 CAN 的标准波形

(2)CAN-L\H 总线常见的故障波形

1)舒适 CAN-HIGH 对地短路(图8.15)

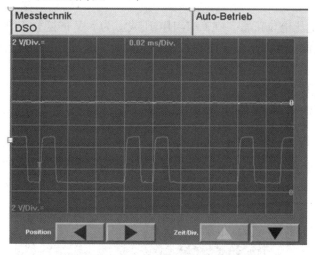

图8.15　舒适 CAN-HIGH 对地短路波形

①分析过程

舒适 CAN-HIGH(黄线)为零电压(0 V),CAN-LOW(绿线)的电压电位正常。在该故障情况下,所有舒适 CAN-Komfort 或者信息 CAN-Infotainment 变为单线工作。

②结论

舒适 CAN-HIGH 对地短路

2）舒适 CAN-HIGH 对地断路（图 8.16）

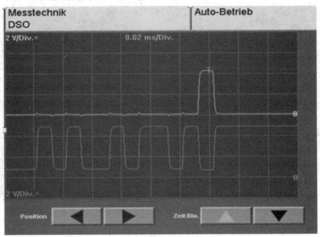

图 8.16　舒适 CAN-HIGH 对地断路波形

①分析过程

CAN-LOW 线电压电位正常。在 CAN-HIGH 线上为 5 V 的隐性电压电位和一个比特长的 1 V 显性电压电位。当一个信息内容被正确地接受,则控制单元发送这个显性电压电位。

②结论

舒适 CAN-HIGH 对地断路

3）舒适 CAN-HIGH 和 CAN-LOW 互短（图 8.17）

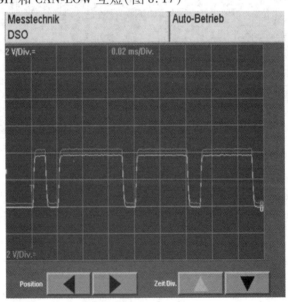

图 8.17　舒适 CAN-HIGH 和 CAN-LOW 互短波形

①分析过程

舒适 CAN-HIGH 和 CAN-LOW 输出信号波形一样。

②结论

舒适的 CAN-HIGH 和 CAN-LOW 互短。

操作活动

CAN-BUS 通信线路故障检测

实施要求

☞任务目标与要求

* 小组成员分工协作,利用提供实训车辆,依据工作任务分析制订工作计划,并通过小组自评或互评检查工作计划。

* 对 CAN-BUS 故障的常规检测。

☞注意事项

* 在任务实施过程中,严格遵守相关实验实训制度和规范的要求,注意职场健康与安全需求,做好废料的处理,并保持工作场所的整洁。

实施步骤

(1)决策

学生分组,明确各组的负责人;确定任务和每个人的工作职责,根据分工填写下表。

序　号	小组任务	个人职责(任务)	负责人

(2)计划

组长带领组内成员,查阅相关手册或指导书,制订任务计划,并检查计划有效性。

工作任务			
序号	工作步骤	工具/辅具	注意事项
1			
2			
3			
4			
5			

(3)实施

①实践准备。

场地准备	工量具准备	资料准备
6 人用实习场地 1块,对应数量的课桌椅,黑板 1 块,实车	整车、常用工具、示波器、故障诊断仪、万用表等	相关车辆维修保养手册及使用手册

②确定实验车辆无故障,尤其是 CAN 总线系统。

③设置不同的故障,用示波器读取故障波形,并描绘波形(注意设置 DSO)。

A. 舒适 CAN-LOW 断路

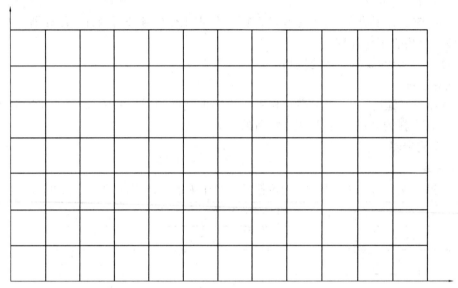

B. 舒适 CAN-HIGH 线与 CAN-LOW 线短路

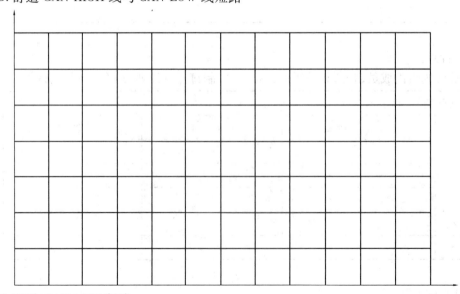

C. 驱动 CAN-LOW 断路

D. 驱动 CAN-HIGH 断路

④根据测量结果及维修手册,分析总结驱动 CAN 和舒适 CAN 断路波形的差异。

📖 评估总结

- 回答指导教师提问,并接受指导教师的相关考核。
- 对本次任务完成过程及效果进行自我评价和小组互评。
- 清洁工作场所,清点、归还相关工具设备,完成本次任务。

序号	评估项目	自 评	互 评	教师评估
1	能正确使用示波器			
2	能正确读取波形			
3	能分析波形并与标准波形相比较,并得出结论			
4	职场安全及操作规范等			
5	"5S"现场管理			
本任务实施心得:				
总体评价			教师签名	

任务 8.2　MOST-BUS 故障检测与维修

目标

- 能利用常用和专用的检测仪器对 MOST-BUS 系统进行常规检查。
- 能按照企业的标准规范对系统部件进行拆装或者更换。
- 能自主查阅相关资料、数据并对检查和测量结果做出检修报告,确定需维修或更换的零件。
- 能掌握汽车 MOST-BUS 系统诊断的思路与方法。

内容

- 能使用正确的方法对 MOST 总线进行常规检测。
- 能通过检测判断 MOST 总线的状态。

关联知识

活动　MOST-BUS 总线的常规检测

(1) MOST-BUS 的结构

　　媒体系统数据交换(Media Oriented Systems Transport, MOST)又称光纤数据总线,主要应用在奥迪 A6L、奔驰、宝马等新车型的信息娱乐系统上。

　　由于视频和音频的应用,需要较高的传输速度。CAN-BUS 总线系统的传输速度最大为 1 Mbit/s。因此,只能通过它传输控制信号;而 MOST-BUS(媒体系统数据交换总线)可进行 21.2 Mbit/s 的传输。

MOST-BUS 总线优点如下:

①提高传输速度。

②减轻了质量。

③不产生电磁干扰波,而且对电磁干扰波不敏感。

每个控制单元把接收到的光信号转化为电信号,经过内部数据处理再把电信号转化为光信号,再通过光导体(LWL)导向下一个控制单元。MOST-BUS 系统的本质特征为其环形的结构,如图 8.18 所示。控制单元通过光波导体按环形方向将数据发送到同样连接在环线圈上的下一个控制单元。此过程持续到数据重新被首先发送数据的控制单元接收到,由此环形闭合。任一段光导体损坏或环形内的某一控制单元损坏,都能造成整个系统不工作。

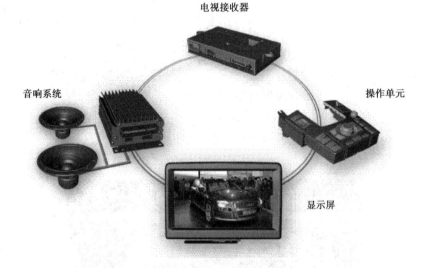

图 8.18   MOST-BUS 环形结构

(2) MOST-BUS 睡眠模式

在 MOST-BUS(媒体系统数据交换总线)中没有数据交换。控制单元处于待命状态,此时,静电流降低到最小值。它只能通过系统管理器的光学启动脉冲来激活。

(3) MOST-BUS 系统启动(唤醒)

当 MOST-BUS(媒体系统数据交换总线)处于睡眠模式时,系统将通过唤醒过程首先进入待机模式。控制单元中的唤醒信号除了通过系统管理器之外的 MOST-BUS,还需要将特殊调制的光线(执行光信号)传输至下一个控制单元。通过在睡眠模式中激活的光电二极管在环形圈中的下一个控制单元接收了执行光信号并继续传输。此过程一直进行到系统管理器。通过接收到的执行光信号来识别系统启动的要求。系统管理器于是再次发射特殊调制光线(指令光)到下一个控制单元。指令光将由所有的控制单元继续传输。通过 FOT 接收指令光,系统管理器识别环路的闭合并开始发射信息框架,如图 8.19 所示。

光导体(LWL)必须具备下列特性以用于光线数据的传输:

①LWL 必须以很小的衰耗来传导光波。

②光波必须通过 LWL 的弯曲处被传导。

③LWL 必须具备柔韧性。

④LWL 的功能在 40 ~ 85 ℃才能保证。

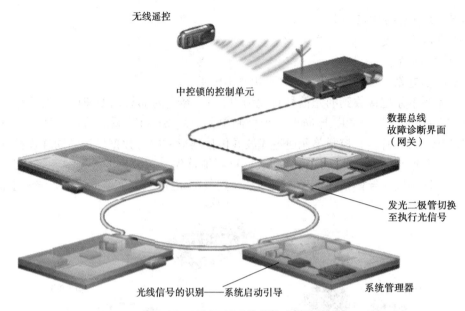

图 8.19 MOST-BUS 发射信息框架图

光导体(LWL)的弯曲半径不能低于 25 mm,如图 8.20 所示。

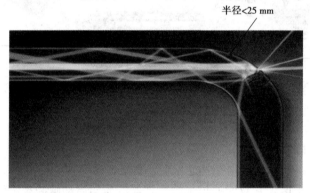

图 8.20 光导体(LWL)的弯曲半径

(4)MOST-BUS 总线的常规检测

1)故障诊断管理器

除了系统管理器外,MOST-BUS 还拥有故障诊断管理器,如图 8.21 所示。它进行环形断路诊断,并传输控制单元的故障诊断数据到故障诊断仪。

图 8.21 故障诊断管理器

2）环形断路

环形断路的原因可能是：

①光导体的断裂。

②发射或接收器控制单元电源故障。

③发射或接收器控制单元故障。

3）环形诊断

确定环形断路的位置就必须实施环形断路诊断，如图 8.22 所示。环形断路诊断是故障诊断管理器执行元件故障诊断的组成部分。

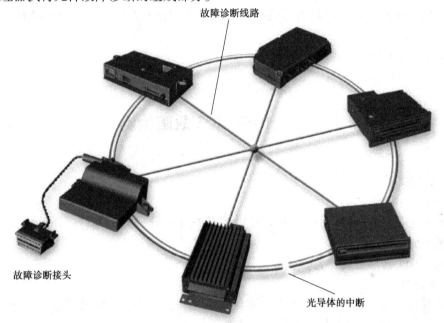

图 8.22　MOST-BUS 的环形诊断

环形断路的后果如下：

①声音和图像传输的中断。

②通过多媒体操作单元的操作和设置的中断。

③在故障诊断管理器故障存储器中存储"光纤数据总线断路"。

4）光纤总线的衰耗

光波在传输时功率降低，这就是人们所说的衰耗。衰耗大小（A）用分贝（dB）表示。

分贝描述的不是绝对大小，而是两个数值间的关系。测量衰耗大小时，由发射功率与接收功率之间的关系的比例来计算。其计算公式为

$$衰耗大小(A) = 10 \times \lg \frac{发射功率}{接收功率}$$

衰耗越高，信号传输就越差。当多个部件参与光线信号的传输时，部件的衰耗大小就像在电路中的电器元件电阻那样累积为一个总衰耗大小。

　　因为 MOST-BUS 上的每个控制单元都自行发出新的光波信号，所以只计算两个控制单元之间的衰耗。

在光线数据总线中衰耗增高的原因如下：

①光波导体的弯曲半径过小。当 LWL 弯曲(或弯折)半径小于 5 mm 时,在弯折点会出现内核的损坏(与有机玻璃弯折相比较),则必须更换 LWL。

②LWL 的外皮损坏。

③内核表面划伤。

④内核表面污损。

⑤内核表面连接错位(插头外壳断裂)。

⑥内核表面倾斜连接(角度故障)。

⑦在光导体的正面和控制单元的接触面之间有空隙(插头外壳破裂或没有完全插到位)。

⑧尾部套管卡位错误。

MOST-BUS 故障检测

实施要求

☞任务目标与要求

• 小组成员分工协作,利用提供实训车辆,依据工作任务分析制订工作计划,并通过小组自评或互评检查工作计划。

• 对 MOST-BUS 故障的常规检测。

☞注意事项

• 在任务实施过程中,严格遵守相关实验实训制度和规范的要求,注意职场健康与安全需求,做好废料的处理,并保持工作场所的整洁。

实施步骤

(1)决策

学生分组,明确各组的负责人;确定任务和每个人的工作职责,根据分工填写下表。

序　号	小组任务	个人职责(任务)	负责人

(2)计划

组长带领组内成员,查阅相关手册或指导书,制订任务计划,并检查计划有效性。

工作任务			
序号	工作步骤	工具/辅具	注意事项
1			
2			
3			
4			
5			

（3）实施

①实践准备。

场地准备	工量具准备	资料准备
6 人用实习场地 1 块，对应数量的课桌椅，黑板 1 块，实车	整车、常用工具、故障诊断仪、万用表等	相关车辆维修保养手册及使用手册

②使用专用自诊断仪器，查看故障码和数据流，并填写下表。

A. 故障码

故障码	含　义	备　注

B. 数据流

项　目	状　态	结　果

③根据测量结果及维修手册,讨论处理方法以及步骤,将讨论结果填入下表。

讨论项目	测量结果分析	
	故障码	处理方法及步骤
讨论结果		

📖 **评估总结**

• 回答指导教师提问,并接受指导教师的相关考核。

• 对本次任务完成过程及效果进行自我评价和小组互评。

• 清洁工作场所,清点、归还相关工具设备,完成本次任务。

序号	评估项目	自 评	互 评	教师评估
1	能正确使用故障诊断仪			
2	能正确读取故障码			
3	能分析数据流的状态,并得出结论			
4	职场安全及操作规范等			
5	"5S"现场管理			
本任务实施心得:				
总体评价		教师签名		

任务 8.3　LIN-BUS 故障检测与维修

目标

• 能利用常用和专用的检测仪器对 LIN-BUS 系统进行常规检查。

• 能按照企业的标准规范对系统部件进行拆装或者更换。

• 能自主查阅相关资料、数据并对检查和测量结果做出检修报告,确定需维修或更换的零件。

• 能掌握汽车 LIN-BUS 系统诊断的思路与方法。

内容

- 能使用正确的方法对 LIN-BUS 总线进行常规检测。
- 能通过检测判断 LIN-BUS 总线的状态。

关联知识

活动　LIN-BUS 总线的常规检测

(1)LIN-BUS 总线的结构

LIN 是 Local Interconnect Network 的缩写,即内联局域网,又称本地互联网络。LIN 是用于汽车分布式电控系统的一种新型低成本串行总线,将开关、显示器、传感器及执行器等简单控制设备连接起来的廉价、单线、串行通信网络协议。LIN 总线是一种辅助的总线网络,使用 LIN 总线可大大节省成本。

为将汽车上各类原始信号转换为可在 LIN 总线上进行传输的数字量信号,同时为提高系统的可靠性,在 LIN 总线上设置了节点。节点的功能是:接收传感器输出的模拟信号、数字信号或开关信号,经 ECU 进行处理,转换为可在 LIN 总线上通信的数据报文格式,经 ECU 内的 LIN 控制器发到 LIN 总线上,同时将从 LIN 总线上接收到的数据信息转换成能够驱动执行器或照明灯的模拟信号或数字信号, 如图 8.23 所示。

图 8.23　LIN 总线节点结构

典型的 LIN 总线应用在汽车中的联合装配单元(主要用来连接分布式车身控制电子系统),如车门模块、车顶模块、座椅模块、空调模块、综合仪表盘模块、车灯模块、湿度传感器、交流发电机及雨刷传感器等。

LIN 总线控制系统如图 8.24 所示。

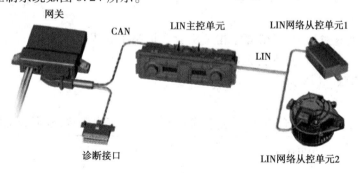

图 8.24　LIN 总线控制系统

①LIN-主控制单元

该控制单元在 LIN 数据总线系统的 LIN 控制单元内,连接在 CAN 数据总线上,它是 LIN 总线系统中唯一与 CAN 数据总线相连的控制单元。

②LIN-从控制单元

在 LIN 数据总线系统内,单个的控制单元(如新鲜空气鼓风机的)或传感器及执行元件(如水平传感器及防盗警报蜂鸣器)都可视为 LIN 从控制单元。

（2）LIN-BUS 的主要特点

①12 V 单线介质传输，成本低。可直接使用汽车电源电压进行单线传输，结构更简单，可节省大量导线。

②单主机/多从机，无总线仲裁。

③不需要改变任何其他从机节点的软件或硬件，就可在网络中方便地直接添加节点。

④可基于普通单片机的通用串口等硬件资源以软件方式实现，成本低廉。

⑤通信量小、配置灵活。通信速率最大可达 20 kbit/s。

⑥LIN 的协议是开放的，任何组织及个人无须支付费用即可获取。

（3）LIN 数据总线系统的自诊断

在 LIN 主控制单元内已规定好的时间间隔内，如果 LIN 从控制单元数据传递有故障、校验出错或传递的信息不完整等，通过 LIN 从控制单元的自诊断功能，将会记录故障信息并存储。

自诊断数据经 LIN 总线由 LIN 从控制单元传至 LIN 主控制单元。因此，对 LIN 数据总线系统进行自诊断需使用 LIN 主控制单元的地址码。

操作活动

LIN-BUS 故障检测

📖 **实施要求**

☞任务目标与要求

● 小组成员分工协作，利用提供实训车辆，依据工作任务分析制订工作计划，并通过小组自评或互评检查工作计划。

● 对 LIN-BUS 故障的常规检测。

☞注意事项

● 在任务实施过程中，严格遵守相关实验实训制度和规范的要求，注意职场健康与安全需求，做好废料的处理，并保持工作场所的整洁。

📖 **实施步骤**

（1）决策

学生分组，明确各组的负责人；确定任务和每个人的工作职责，根据分工填写下表。

序 号	小组任务	个人职责（任务）	负责人

（2）计划

组长带领组内成员，查阅相关手册或指导书，制订任务计划，并检查计划有效性。

工作任务			
序号	工作步骤	工具/辅具	注意事项
1			
2			
3			
4			
5			

（3）实施

①实践准备。

场地准备	工量具准备	资料准备
6人用实习场地1块,对应数量的课桌椅,黑板1块,实车	整车、常用工具、示波器、故障诊断仪、万用表等	相关车辆维修保养手册及使用手册

②使用专用自诊断仪器,查看故障码和数据流,并填写下表。

A.故障码

故障码	含　义	备　注

B.数据流

项　目	状　态	结　果

③测试波形。

<table>
<tr><td></td><td></td><td></td><td></td><td></td><td></td><td></td><td></td><td></td></tr>
<tr><td></td><td></td><td></td><td></td><td></td><td></td><td></td><td></td><td></td></tr>
<tr><td></td><td></td><td></td><td></td><td></td><td></td><td></td><td></td><td></td></tr>
<tr><td></td><td></td><td></td><td></td><td></td><td></td><td></td><td></td><td></td></tr>
<tr><td></td><td></td><td></td><td></td><td></td><td></td><td></td><td></td><td></td></tr>
<tr><td></td><td></td><td></td><td></td><td></td><td></td><td></td><td></td><td></td></tr>
<tr><td></td><td></td><td></td><td></td><td></td><td></td><td></td><td></td><td></td></tr>
</table>

④简述处理方法以及步骤。

讨论项目	测量结果分析	
	故障码	处理方法及步骤
讨论结果		

📖 **评估总结**

● 回答指导教师提问,并接受指导教师的相关考核。

● 对本次任务完成过程及效果进行自我评价和小组互评。

● 清洁工作场所,清点、归还相关工具设备,完成本次任务。

序号	评估项目	自 评	互 评	教师评估
1	能正确使用故障诊断仪			
2	能正确读取故障码			
3	能分析数据流的状态并得出结论			
4	能绘制正确波形,并分析结论			
5	职场安全及操作规范等			
6	"5S"现场管理			
本任务实施心得:				
总体评价			教师签名	

习 题 8

一、选择题

1.在 CAN 总线各部分中,能对单片机和 CAN 收发器传来的数据进行处理的是(　　　)。

　　A. CAN 数据传输线　　　　　　　　　B. CAN 数据传输终端电阻

　　C. CAN 控制器

2.在 LIN-BUS 总线中,仅使用一根(　　)V 的总线连接。

　　A. 12　　　　　　　　B. 10　　　　　　　　C. 5

3.(　　　)是汽车内部通信的核心,通过它可实现各条总线上信息的共享,实现汽车内部的网络管理和故障诊断功能。

　　A. 仪表　　　　　　　B. MINI 中心　　　　C. 网关　　　　　　　D. 诊断接口

4. MOST 总线属于(　　　)传输模式。

　　A. 单线　　　　　　　B. 双线　　　　　　　C. 三线　　　　　　　D. 都不正确

5.数据总线的速度称为(　　　)

　　A. m/s　　　　　　　B. km/h　　　　　　　C. 比特率　　　　　　D. 都不正确

6.在动力 CAN 总线中优先级别最高的是(　　　)

　　A. 发动机　　　　　　B. 变速箱　　　　　　C. ABS　　　　　　　D. 空调

7. CAN-BUS 数据总线采用了两条数据线绕在一起的方式,如果一条线上的电压为 0 V,另一条线上的电压是(　　)V。

　　A. 0　　　　　　　　B. 5　　　　　　　　C. 12　　　　　　　　D. 13.5

二、简答题

1.简述大众汽车驱动 CAN 总线和舒适 CAN 总线的区别。

2.简述 CAN 总线的诊断步骤。

3.网关的作用是什么?

参考文献

[1] 赵宇,郑春光. 汽车安全与舒适系统检修[M]. 北京:人民邮电出版社.2017.

[2] 张军. 汽车舒适与安全系统检修[M]. 2版. 北京:人民邮电出版社,2015.

[3] 王丽梅,修玲玲. 汽车车身电控技术[M]. 2版. 北京:人民邮电出版社,2016.

[4] 卢希国. 汽车安全舒适系统原理与维修[M]. 北京:北京理工大学出版社,2011.

[5] 范爱民. 汽车空调结构原理与维修[M]. 北京:机械工业出版社,2011.

[6] 毛峰,毛洪艳. 汽车安全与舒适系统检测与修复[M]. 北京:机械工业出版社,2014.

[7] 张俊. 汽车车身电控技术[M]. 2版. 北京:中国人民大学出版社,2012.

[8] 杨志,白永平. 汽车安全与舒适系统故障诊断与维修[M]. 上海:同济大学出版社,2014.

[9] 周均,赵红利. 汽车电路与电气系统调试[M]. 北京:机械工业出版社,2012.

[10] 林振清,易来华. 汽车舒适与安全系统检测与修复[M]. 青岛:中国石油大学出版社,2017.